刘总监解车热线书系

透视汽车会"靓"的秘密

图解汽车美容与装饰技能

刘汉涛 编著

電子工業出版社
Publishing House of Electronics Industry
北京 · BEIJING

内容简介

《汽车为什么会“靓”：图解汽车美容与装饰技能》是“刘总监解车热线书系”之一。本书是面向广大汽车爱好者、车主、驾驶人、汽车类专业学生、汽车美容人员及汽车装饰人员的图册，书中以140个问题为主线并配合大量精美的实物图、剖视图、构造图、透视图以及原理示意图和简单的文字说明，让您在看完此书后能对汽车美容与装饰技能有个基本的概念和认识，以帮助您快速了解汽车美容与装饰技能，从而解开您心中存在已久的谜团——汽车为什么会“靓”。

图书在版编目（CIP）数据

透视汽车会“靓”的秘密：图解汽车美容与装饰技能 / 刘汉涛编著 . —北京：电子工业出版社，2016.8
（刘总监解车热线书系）
ISBN 978-7-121-29308-5

Ⅰ. ①透…　Ⅱ. ①刘…　Ⅲ. ①汽车－车辆保养－图解　Ⅳ. ① U472-64

中国版本图书馆 CIP 数据核字（2016）第 153377 号

策划编辑：管晓伟
责任编辑：管晓伟
特约编辑：李兴　等
印　　刷：中国电影出版社印刷厂
装　　订：中国电影出版社印刷厂
出版发行：电子工业出版社
　　　　　北京市海淀区万寿路 173 信箱　　邮编：100036
开　　本：787×1092　1/16　印张：10　字数：240 千字
版　　次：2016 年 8 月第 1 版
印　　次：2016 年 8 月第 1 次印刷
定　　价：49.90 元

凡所购买电子工业出版社图书有缺损问题，请向购买书店调换。若书店售缺，请与本社发行部联系，联系及邮购电话：（010）88254888，88258888。

质量投诉请发邮件至 zlts@phei.com.cn，盗版侵权举报请发邮件至 dbqq@phei.com.cn。

本书咨询联系方式：（010）88254460；guanphei@163.com；197238283@qq.com。

FOREWORD 前言

回答您一个问题

汽车为什么会“靓”？这可能是大多数车主、汽车爱好者以及汽车驾驶人的疑惑。然而，对于大多数车主、汽车爱好者以及汽车驾驶人来说，不可能也没有必要像汽车美容装饰人员那样精通汽车美容与装饰技能。编写此书，就是想用图画与文字相结合的方式来解答您心中存在已久的这个问题。

汽车知识的普及是社会发展的需要，也是人们生活的需要。那么，什么是汽车美容装饰呢？其实，汽车美容是指针对汽车各部位不同材质所需的保养条件，采用不同性质的汽车美容护理产品及施工工艺，对汽车进行全新保养护理以达到延长汽车使用寿命、增强其装饰性和美观性的一种行为。汽车装饰是指在原厂车的基础上通过加装、改装或更新车上设备和附件，以提高汽车的美观性、装饰性和安全性的行为。

本书是面向广大汽车爱好者、车主、驾驶人、汽车类专业学生、汽车美容人员及汽车装饰人员的图册，书中以 140 个问题为主线并配合大量精美的实物图、剖视图、构造图、透视图以及原理示意图和简单的文字说明，目的是让您在看完此书后能对汽车美容与装饰技能有个基本的概念和认识，以帮助您快速了解汽车美容与装饰技能，从而解开您心中存在已久的谜团——汽车为什么会“靓”。

刘汉涛

CONTENTS 目录

第四章　内外饰件清洁与美容 / 64

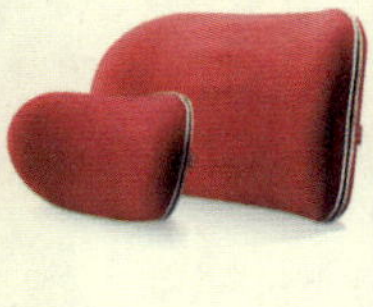

第五章　汽车内装饰与外装饰 / 94

K. Gushi
TOYO TIRES
TOYO TIRES
RS•R
BASF
scion
AEM
sparco
ENKEI
RS•R

第一章

初识汽车美容

1

什么是汽车美容

汽车美容源于西方发达国家，英文名称表示为“car beauty”或“car care”。所谓汽车美容，是指针对汽车各部位不同材质所需的保养条件，采用不同性质的汽车美容护理产品及施工工艺，对汽车进行全新保养护理，以延长汽车使用寿命，增强其装饰性和美观性的一种行为。

而今天的汽车美容由于借鉴了人类的“美容养颜”的基本思想，被赋予新的内涵，正逐步形成现代意义的汽车美容。因而，汽车美容不再只是简单的汽车打蜡、除渍、除臭、吸尘及车内外的清洁服务等常规美容护理，还包括利用专业美容系列产品和高科技技术设备，采用特殊的工艺和方法，对漆面增光、打蜡、抛光、镀膜及深浅划痕处理、全车漆面美容、底盘防腐涂胶处理和发动机翻新等一系列养车技术，以达到“旧车变新，新车保值，延寿增益”的功效。

汽车美容

你知道吗 Do you know?

汽车美容按汽车实际美容程度可分为一般美容、专业美容和自助美容三大类。

美容养颜

2

几条毛巾洗车就是一般美容吗?

一般美容就是人们常说的洗车、打蜡，是将汽车表面的污物、尘土洗去，然后打蜡，增加车身表面的光亮度，起到粗浅的美容作用。经常看见的路边的小店经营，高压清洗机、几条毛巾、几瓶简单廉价的护理产品、几个人进行的“汽车美容”，主要包括洗车、打蜡。这种方法只能去除汽车表面的污物、尘土，也能够在打蜡之后增加车身表面的光亮度，是一种粗浅的美容方法。

从业者只是进行简单的模仿别人清洗和美容步骤，缺乏理论支持和系统培训，不能针对车身漆膜不同程度氧化和老化，制定不同的美容护理方案而进行不同的美容操作。

毛巾

你知道吗
Do you know?

一般美容可产生如下不良后果：

1）清洗不彻底，漆膜还可能被划伤，使车身出现细微的划痕。

2）水洗后擦拭不彻底，使车身的一些部位留有水渍，阳光一照，水分蒸发，会留下水痕，影响车身的表面光泽。

3）车身的门缝、窗边等凹槽处无法被擦干，一经阳光照射，形成水汽，会加重对漆膜和凹槽等处的腐蚀作用，加速车身的损坏。

高压清洗机

高压清洗机

3

专业美容能使车辆焕然一新吗?

专业汽车美容是一个不仅包括汽车清洗、打蜡，而且还包括汽车护理用品的选择与使用、汽车油漆护理（包括各类漆面缺陷的美容、汽车划痕修复等）、汽车整容及装饰等内容的极其复杂的系统工程。专业汽车美容之所以专业就在于它自身的系统性、规范性和专业性；着眼于汽车自身的特点，由表及里地进行全面而细致的保养，而且每一道工序都有标准。

专业汽车美容与一般美容完全不同。从一般意义上讲，专业汽车美容是通过先进的设备和数百种用品，经过几十道工序，从车身、内室（包括地毯、皮革、丝绒、仪表、音响、顶棚、冷热风口等）、发动机（免拆清洗）、钢圈、轮胎、底盘、保险杠、油电路、空调系统、冷却系统、进排气系统等各部位进行彻底清洗、保养和维护，且对较深划痕可进行特殊快速修复，从而达到使旧车变为新车并长久保持，使整车焕然一新的效果和目的。

冷热风口

钢圈和轮胎

自助汽车美容

4

自助美容是车主自己动手吗?

自助汽车美容就是车主自己动手对汽车进行清洁和养护。在汽车的日常使用中，如果对它只用不养，这就容易加速汽车的磨损和老化；如果把它开进路边小店，用破布、几桶水或高压水枪“呵护”一番，表面上把车子洗得干干净净，其实是在对汽车实施破坏性清洗；如果把汽车开进汽车“美容院”，虽然能护理周到，但花费不小。其实，最经济、最便捷的美容手段是自己动手，开展汽车自助美容。当然，这必须是在自己能处理的范围之内。

第二章

清洗与护理用品

5

专用清洗剂会对车体表面造成损伤吗?

汽车专用清洗剂能极大地降低界面间的张力，因其含有界面活性剂和功能性高分子材料，所以具有较强的渗透能力和增溶能力，能有效清除汽车表面的各类顽固污垢，且具有除锈功能，长期使用不会对车体表面造成损伤。进口汽车美容用品中有汽车清洗香波、清洗及上蜡香波，属于专业的汽车美容用品，其 pH 值均为 7.0。在清洗汽车各部位时，要根据材质选择相应的专业清洗剂。

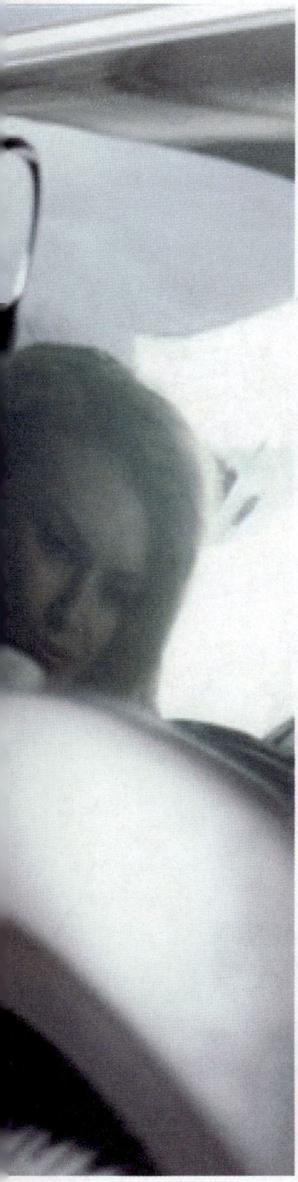

清洗车表

6

二合一清洗剂没有污染吗?

二合一清洗剂是一种高级表面清洗剂，该类清洗剂将清洁、护理合二为一，既有清洗功能，又有上蜡功能，可以满足快速清洗兼打蜡的要求。如上光洗车液主要由表面活性剂配制而成，上蜡成分是一种具有独特配方的水蜡，在清洗作业中，它可以在漆面形成一层蜡膜，增加车身的鲜艳程度并有效地保护车漆。该产品使用起来非常方便，可以作为汽车的日常护理产品，适合刚做过专业美容的汽车或者只愿花较低费用的洗车、打蜡的汽车。这种洗车液不易燃，属生物降解型，对环境无污染。

二合一洗车液

清洗汽车

7

香波类清洗剂能防止交通膜产生吗?

香波类清洗剂主要有汽车香波及清洁香波等品种，具有性质温和、不破坏蜡膜、不腐蚀漆面、液体浓缩、泡沫丰富和使用成本低等优点，香波类清洗剂含有表面活性剂，有很强的分解能力，能有效地去除车身表面的尘土和油污，有的产品含有阳离子表面活性剂成分，能去除车身携带的静电并防止“交通膜”的产生。

你知道吗
Do you know?

汽车经过一段时间的行驶，由于车身静电吸附灰尘，时间久了形成一层坚硬的薄膜，这就是所说的交通膜。交通膜使原来艳丽的车身变得暗淡无光。

汽车

8

脱蜡洗车剂是开蜡水吗？

脱蜡洗车剂因为其主要用于新车脱蜡或旧车清洗脱蜡，所以又被称为开蜡水、脱蜡水或脱蜡剂。脱蜡洗车剂有很强的分解能力，可用于新车开蜡和旧车美容前除蜡，同时又能有效地去除漆表面的沥青、油污等顽渍。

强力开蜡水

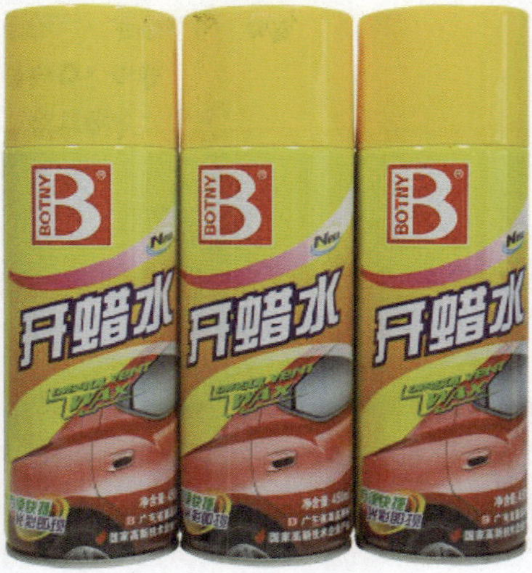

开蜡水

9 水系清洗剂有什么作用？

水系清洗剂不同于除油脱脂剂，其配方中基本不含碱性盐类，一般由多种表面活性剂配制而成，具有很强的浸润和分解能力，能够有效地去除车身表面的尘埃、油污。比如不脱蜡洗车液是近年来国内外推广使用的水系清洗剂，具有操作简便、挥发慢等特点，其配方中不含碱性盐类，主要成分是类型不一的表面活性剂，其中非离子活性剂使用得比较多，是车身日常清洁的首选洗车液，这种洗车液不易燃，属生物降解型，对环境无污染。

汽车水蜡

清洗汽车

10

变色水蜡有什么性能?

世界上唯一的双色配方水蜡，瓶中上半截的白色是天然巴西棕蜡，下半截的蓝色是环保型润滑洗车液，含催干剂，自动驱水，几乎不用毛巾擦干。它是最便捷的洗车、上光一体化产品。

使用时先将液体摇匀（呈乳白色），然后将 1 瓶盖（每次只用 1 瓶盖）液体按 1:100 的比例溶于水后擦洗汽车。如为质量上乘的变色水蜡，用后效果可保持数月之久。

汽车水蜡

11 脱蜡洗车液的去油垢能力强吗?

脱蜡洗车液的去油垢功能较强，不含蜡及任何增光剂。做专业美容护理的车或者要进行正规打蜡的车，专业人员通常要把该车的油垢先洗干净，还要把以前的蜡也洗掉，一般的洗车剂达不到这个效果，而“洗涤灵”的碱性太强，容易伤漆，因此只有脱蜡洗车液最合适。洗车时按 1:100 的比例将脱蜡洗车液溶于水后使用，若车很脏，可按 1:50 的比例稀释。

清洗汽车

12

多功能清洁柔顺剂有什么作用?

多功能清洁柔顺剂能对汽车内部装饰及行李箱各部位进行清洗翻新，去污力强，尤其对丝绒及地毯表面可起到清洁、柔顺、还原着色和杀菌等作用。它是低泡清洗剂，适用于泡沫机使用（高泡沫会损伤真空泵），也可手工使用。多功能清洁柔顺剂适用于对车厢、行李箱内及各内部装饰表面进行翻新清洗。

使用时用喷抽机或手工将该产品喷洒到待清洗物表面，然后用软布轻轻擦拭干净即可。

多功能泡沫清洁剂

清洗顶棚

汽车内饰

清洁的内饰

丝绒清洁剂

13

如何使用丝绒清洁保护剂?

丝绒清洁保护剂对毛绒、丝绒、棉绒等织物均有清洁保护作用。泡沫丰富，去污力强，洗后留有硅酮保护膜，能恢复绒织物原状，防止脏物渗入。

使用时，轻轻摇晃该用品使其均匀，然后大面积地喷在待处理表面或喷在干净布上擦拭，再用洁净干布将泡沫擦净。污渍明显的地方应反复喷涂擦拭。在使用前应先找一小块试用，效果不好时勿用。

清洗汽车地毯

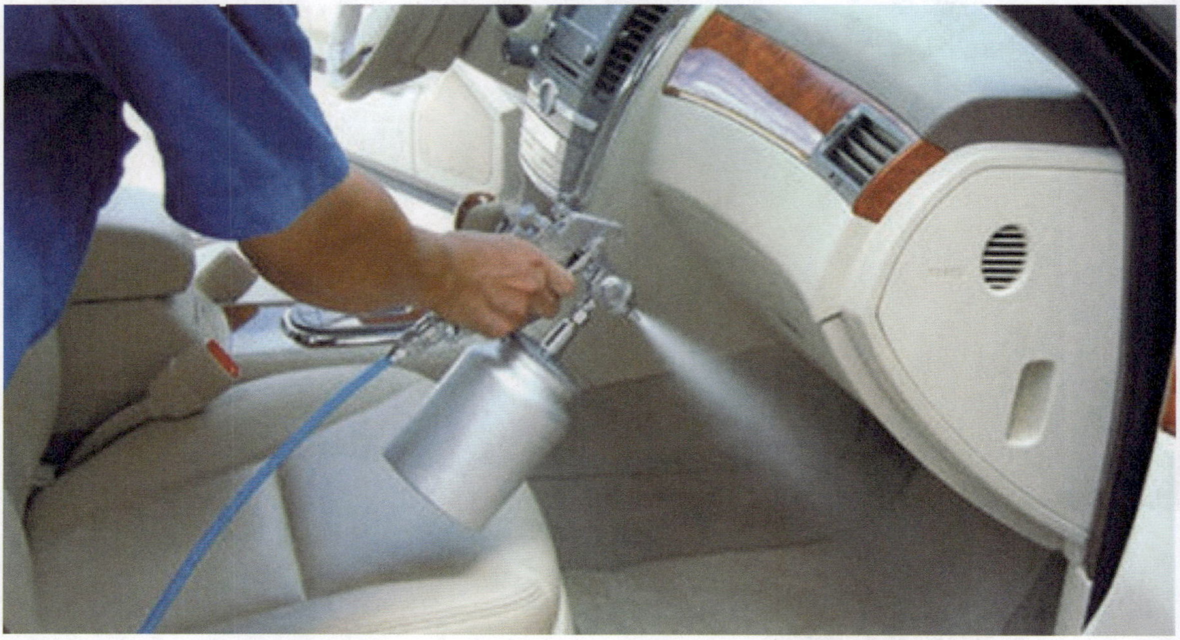

清洗汽车地毯

14

如何使用化纤清洗剂？

化纤清洗剂是在多功能清洗剂的基础上进行了改进，对油泥、沾得时间不太长的果汁和血迹等污垢的清洗效果尤佳，对化纤制品没有伤害，也不像一些干洗剂那样有强烈的挥发成分，因此不必在通风处使用。化纤清洗剂适用于车、家用化纤地毯和沙发等，不适用于真丝针织品。

化纤清洗剂最好的使用方法是用泡沫清洗，先将液体倒入桶中，用压喷枪按 1:1 ~ 1:5 的比例注水，然后用毛巾蘸水中的泡沫清洗脏物，因为它所含的表面活性剂多，所以泡沫的去污力强。

洁净的内饰

清洁汽车风窗玻璃

15

玻璃清洗液能去除静电油脂吗？

玻璃清洗液主要用于去除玻璃上（内侧）积累的白色雾状膜，即各种内部装饰清洗剂、清新剂、吸烟造成的静电油脂，同时还可有效地去除鸟粪、油泥及尘土。因含挥发剂，擦后可很快风干，又因是水质，也可用于对电镀件、内部装饰（地毯、座椅）等的清洗。

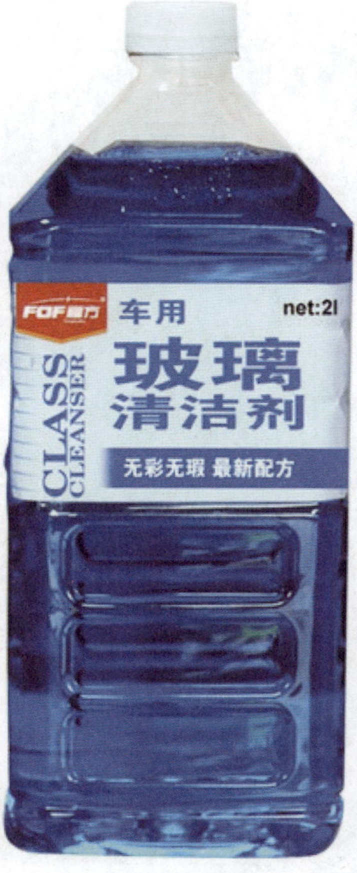

玻璃清洁剂

16

如何使用多功能绿色清洗剂?

绿色清洗剂是在近些年西方环保运动中出现的重要的环保型清洗用品。其清洗功能非常强，破坏性极小，应用范围非常广，主要用于皮革制品、仪表台等处使用，若拿它去清洗计算机、复印机、卫生间等，效果一样令人满意。

使用时，按 1:4 的比例稀释后，清洗皮革座椅、仪表台和内部装饰革质包层;按 1:2 的比例稀释可清洗轮胎;不稀释可清洗发动机、轮毂。

皮革座椅

17

轮毂去油剂能恢复金属原有光泽吗?

一般轮毂清洗液都属酸性物质，容易损伤轮毂的金属层。轮毂去油剂不含腐蚀剂，也不含酸性物质，清洗功能极强。将轮毂去油剂喷到轮毂表层后，油泥液会自动往下流，只需用布轻轻擦干即可恢复金属或ABS塑料的原有光泽。

清洁轮毂

轮毂清洗剂

轮毂去油剂

轮毂清洗剂

18

粘胶清洗剂能去除不干胶贴吗？

粘胶清洗剂可以使在车窗或车身上的不干胶等粘贴物轻松、完整地去除，还可将不干胶撕掉后残留下的黏性物质轻易去除且不会划伤车身及车窗，但去除后不干胶贴将失去黏性。其使用方法如下：

1）喷射粘胶清洗剂时，不要将罐体倒置使用，使用前，先摇均罐内液体后再将不干胶标签稍稍撕开，在撕开处均匀地喷上，待溶液浸入后，再轻轻地将不干胶撕掉即可。

2）在撕开纸质不干胶标签时，在离纸质不干胶 20 ~ 50cm 处喷射，待溶液被不干胶吸收后，再慢慢撕掉即可，如果车身上还留有浆糊状物时，在离浆糊状物 20 ~ 50cm 处均匀地喷射，在溶液被不干胶标签吸收但未完全干透时，用抹布等擦掉即可。

粘胶清除剂

粘胶清除剂

3）当长时间贴在车窗或车身上的不干胶标签被撕掉时，标签撕掉处的颜色会与其他地方的颜色不一样，这是因为此处长时间没有被日光照射的缘故，与使用粘胶清洗剂质量无关。

4）不要在车身涂装过两次以上的汽车表面上使用粘胶清洗剂。

5）不要在塑胶树脂类车身构件上使用粘胶清洗剂，以免引起变色等异常情况。

皮革护理剂

19

保护剂有哪些类型?

汽车保护剂是一种能够起到增亮、抗磨、抗老化等保护作用的用品。它主要用于皮革、塑料、橡胶、化纤等材质表面，对汽车座椅、仪表板、保险杠、密封条、轮胎以及电镀件具有良好的保护作用。

保护剂主要有皮革保护剂、化纤保护剂、橡胶保护剂、轮胎上光保护剂和防锈保护剂。

轮胎

20

皮革保护剂能抗老化吗?

皮革保护剂适用于塑料和皮革制品，如皮革座椅、仪表台、方向盘及塑料保护杆等，能起到上光、软化、抗磨、抗老化等作用。

皮革保护剂的使用方法：使用时首先将有灰尘的皮革或塑料的表面用清洗剂清洗干净，使用前先摇匀，距离物体表面 10 ~ 20cm 均匀喷射，再用柔软干净的软布擦拭即可。对于小件物品或缝隙可先喷在柔软干布上然后擦拭。

皮革上光保护剂

纳米皮革保护剂

21

化纤保护剂能抗腐蚀吗?

化纤保护剂适用于化纤制品，如顶棚、车门内侧、座椅外等。化纤保护剂含硅酮树脂，因而在清洁化纤制品的同时，这种聚合物附着在纤维上，更能起到抗紫外线、抗腐蚀、抗老化的作用。

化纤保护剂的使用方法：在使用时将化纤保护剂喷洒到化纤制品表面，然后用毛刷或毛巾擦洗晾干即可。

车门内侧

车门内侧

22

橡胶保护剂能防氧化吗？

橡胶保护剂适用于橡胶和工程塑料制品，如汽车轮胎、橡胶密封件、保险杠橡胶条、塑料保险杠、散热器软管、活动车顶、座板、脚板、安全带自动滚轮、电触点及点火装置等汽车部件，起到清洁、防紫外线、防氧化及防老化等作用。

橡胶保护剂的使用方法：使用前先摇匀，距离物体表面 10 ~ 20cm 均匀喷射，再用柔软干净的软布擦拭即可。对于小件物品或缝隙可先喷在柔软干布上然后擦拭。

橡胶保护剂

活动车顶

活动车顶

活动车顶

23

轮胎上光保护剂能防止裂纹吗？

轮胎

轮胎上光保护剂用于轮胎表面，起到清洁、上光、抗老化等作用。施工后在轮胎表面上形成一层有效的保护膜，能抵抗紫外线、尘沙、雨水的侵害，有效防止橡胶老化、褪色、裂纹。它可增进光泽，使轮胎具有拨水性、耐候性及抗污染性。

轮胎上光保护剂的使用方法：在使用时首先将轮胎表面清洁干净，待其干燥。然后，倒取适量的轮胎上光保护剂，用海绵、轮胎刷或干净的布擦拭于保养对象表面，等其自然干燥即可。

轮胎

保护轮胎

护理前后对比

24

镜面抛光剂有哪些抛光方法?

镜面抛光剂能清除深色汽车表面的微痕、旋纹涡、粗蜡抛光后旋纹、轻度氧化层及水斑。它适用于手工抛光或机械抛光。

1）手工抛光的操作方法：若采用手工抛光，首先应将镜面抛光剂产品倒在洁净拭车布上，在汽车表面呈圆圈状反复擦拭直至抛光剂渐干，再用另一块拭车布辅助清洗，必要时重复几次即可。

镜面抛光剂

> **你知道吗 Do you know?**
>
> 镜面抛光剂在使用时，要注意以下几点：
>
> 1）在通风良好场所使用，勿在室内及空气不畅通处使用，避免吸入该产品的蒸气。
>
> 2）防止产品溅入眼睛，接触皮肤。
>
> 3）不使用时应盖紧瓶盖。
>
> 4）避免让儿童接触。
>
> 5）手接触后要用清水冲洗。
>
> 6）使用时间不要超过产品保质期。

2）机械抛光的操作方法：若采用机械抛光，即用抛光机抛光，使用前均匀摇动，倒适量抛光剂于一定面积的漆面上，然后将抛光机从轻度到中度加压对表面进行抛光，当溶剂干时，抛光至光滑。最后，在抛光另一块表面之前，将溅在该板上的溶剂擦去即可。

汽车表面护理

25

钢铁除锈剂是如何使用的?

钢铁除锈剂是由除锈剂、防锈剂、有机物萃取液和多种助剂复合制成的。其除锈速度快，能短期防锈。使用后，钢铁表面为银灰色，这是一层磷化膜，能起到防锈作用。除锈剂主要适合 35 μm 以下的薄锈层，适应于各种钢材及各种钢材加工后的工件。

钢铁除锈剂的使用方法：

1）使用前应将钢铁工件表面的泥沙、油污、灰尘等除去。

2）浸泡或刷洗均可，若加热到 60℃除锈效果会更好。

3）除锈后，工件应晾干或烘干。

4）涂刷工具和容器用清水冲洗干净并晾干。

5）如果除锈剂溅到皮肤或衣服上，应立即用清水冲洗。

除锈剂

汽车门槛

26

透明保护防锈树脂是如何使用的?

透明保护防锈树脂是用来保护金属制品，使其免于生锈、腐蚀，它适用于汽车门槛、头灯框、车门内部沟槽等部位。

透明保护防锈树脂的使用方法：

1）使用前应摇匀。

2）将小塑料管插入车体的间隙处。

3）喷涂时，不断将罐子往复移动。

4）在喷涂中，若不慎溅到漆面，用汽油擦净。

树脂型防锈保护胶

27

底盘防锈漆适用于哪些部位？

底盘防锈漆能在金属表面与涂料表面形成渗透层，防锈、防水、抗酸碱盐、耐寒、抗高低温、附着力强，适合于金属表面、汽车大梁、底盘、整体发动机、机身等各部件的防锈、防水处理。

底盘防锈漆的使用方法：使用时，首先将要处理的表面污垢、沙尘清洗干净，然后待表面干燥后进行喷涂，喷涂时跟处理面保持一定的距离，以使涂料可以均匀地喷涂到处理表面，喷涂后待表面完全固化便可达到良好效果。

喷涂底盘

喷涂防锈底漆

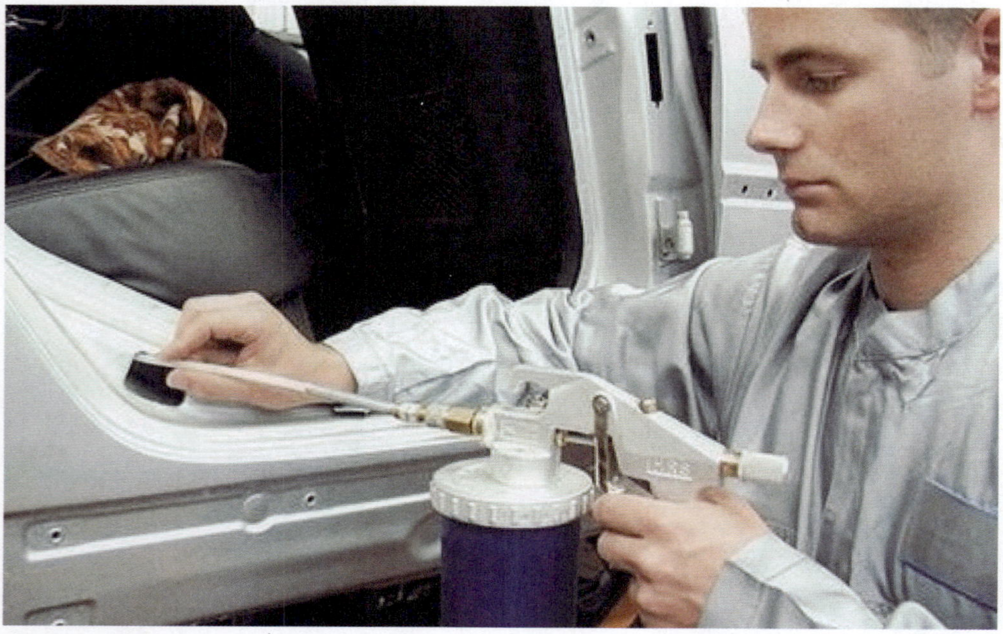

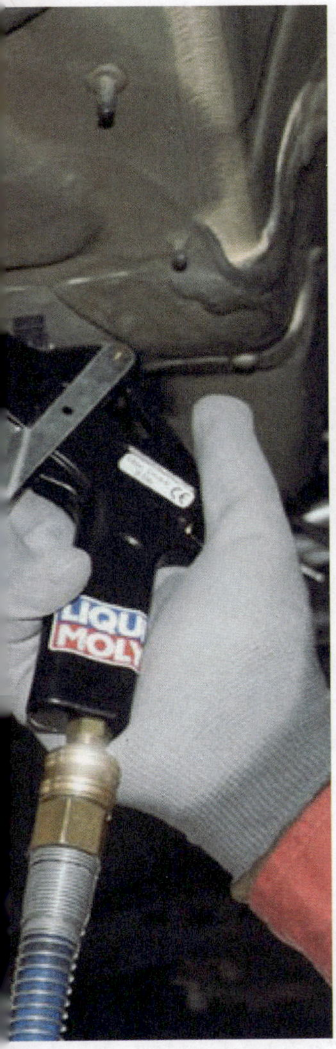

汽车挡泥板

28

塑胶漆有装饰保护作用吗?

塑胶漆为塑料制品表面装饰保护用涂料，喷涂后可长期光亮如初。塑胶漆主要适用于汽车保险杠、挡泥板、扰流板、塑料装饰件等部件的表面的保护。

塑胶漆的使用方法如下：

1）使用前，应将塑胶漆搅拌均匀。

2）将被喷涂物表面清洗，除去一切污垢后干燥，做好喷涂前的表面处理。

3）喷涂距离为 20cm，以交叉喷涂方式喷涂。

4）漆用完后，应倒置容器，放出容器内的可燃气体，用丙酮清洗喷嘴。

汽车挡泥板

29

燃油系统强力清洗保护剂有什么性能?

1）用于清洗燃油系统积炭效果显著，能在汽车正常运行过程中自动清洗油路、喷油嘴等部位，保证燃油正常雾化，消除发动机的喘抖、爆燃和功率损失等故障，迅速恢复发动机的动力性和驾驶性能。

2）清除进气门、燃烧室、活塞顶、活塞环等处的积炭，恢复正常的压缩比，解决发动机工作粗暴、敲缸等问题，使汽车运行更加平顺。

3）可节省燃油 7% ~ 15%，降低排放，减少空气污染。

4）保护燃油系统各部件防锈、防蚀。

5）对尾气净化装置和各种传感器无损害。

清洗剂

燃油系统清洁剂

燃油系统强力清洗剂

蓄电池

30

蓄电池接线柱保护剂有什么作用?

蓄电池接线柱保护剂喷洒在接线柱上，可形成一层长效性红色保护薄膜。保护蓄电池接线柱和电线接头，耐腐蚀、耐酸化及抗铅锌氧化物质的产生，导电性好，能防止过大电压降。蓄电池接线柱保护剂的使用方法如下：

1）彻底清洗蓄电池接线柱及电线接头等。

2）先摇匀，然后将其喷涂在接线柱周围。

3）不可在有火源处使用，操作时不得吸烟。

其使用时的注意事项如下：

1）由于该产品容器为压力容器，应避免在阳光下或50℃温度下暴晒。

2）用完后，切勿燃烧本容器或在容器上打洞。

3）切勿喷洒在火焰或热的物体上，用完后的空容器需妥善处理，不得乱放，不得放入垃圾箱中。

蓄电池接线柱保护剂

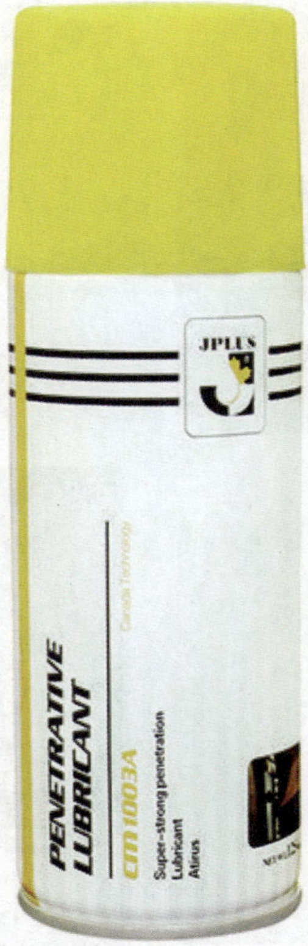

蓄电池接线柱保护剂

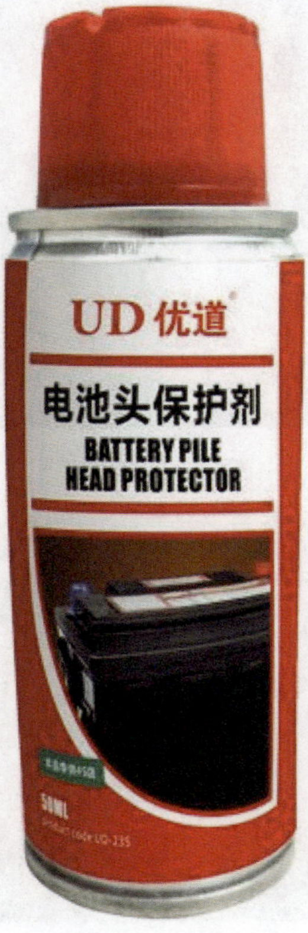

电池头保护剂

31

防雨剂是“雨敌”吗?

防雨剂又称为“雨敌”。一般来说，玻璃表面的性质为非亲水性，水在玻璃表面不能均匀散开，只能以水珠的形式存在，而水珠对光线有折射作用，所以会严重影响视线。当下大雨时，雨水会在玻璃表面形成水流并形成水膜，因而光线不发生折射，反而能看清。

防雨剂的使用方法如下：

1）要完全清洁风窗玻璃表面。

2）用无纺布或柔软毛巾完全擦干镜面玻璃，不留水痕。

3）完全涂均匀，涂抹时以画圈的方式由圆心向外扩散。

4）为保证完全涂均匀，可以重复操作几次，然后换用干净的软布自上而下地擦去多余的防雨剂即可。

超强高档雨敌

喷洒雨敌

驱雨王

喷洒雨敌效果图

玻璃清洁防雾剂

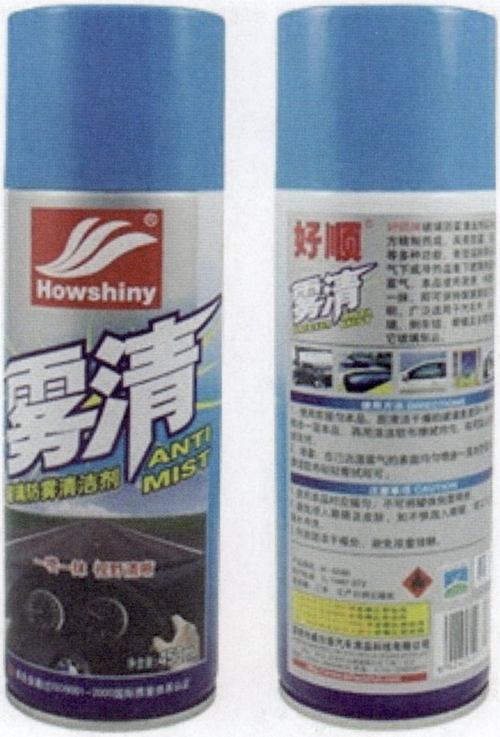

玻璃防雾清洁剂

32

防霜防雾剂是“雾敌”吗?

防霜防雾剂俗称“雾敌”。防霜防雾剂具有独特的清洁去污、防霜、防雾、保护视力等功效，能有效地解除玻璃表面因冷热不均而起雾上霜的问题。它可用于汽车、拖拉机及其他机动车辆的风窗玻璃、反光镜、摩托车头盔等需要防雾防霜的玻璃镜面。

防霜防雾剂的使用方法：先将玻璃表面擦拭干净，再把玻璃防霜防雾剂均匀喷射到玻璃上，用洁净布擦拭均匀即可。

33

汽车美容黏土可反复使用吗？

汽车美容黏土属于一种非常细腻的特种聚合物，去污力极强，韧性好，可反复使用。

1）使用时先在车身漆面上洒上水，然后用汽车美容黏土清洁护理。

2）清洁护理时，在需要清洁的表面反复擦拭，使金属氧化物、锈迹颗粒等卷入黏土中。

3）可用于污垢严重的车窗玻璃和金属镀层、铝合金等制品的除污及车身漆面氧化物或车身附着物的去除。

美容黏土

34

底盘防锈降噪剂有什么特点？

底盘防锈降噪剂用于汽车“底盘装甲”，是一种含有特殊矿物质精华原料的高质量橡胶醇酸树脂，不含沥青成分。具有防锈蚀、隔声、降噪、抗盐碱、防砂石撞击的特点，柔韧有弹性、粘附力强，其使用步骤如下：

1）用水将汽车底盘上的泥土、油污等杂质冲洗掉。

2）将汽车用举升机升起，用风枪将底盘吹干。

3）遮蔽住发动机底部、传动轴、排气管等散热、传动部件和电线接头。

4）将喷枪安装到罐体上，并接上气管。

5）将喷枪距底盘 30cm 左右对其进行喷涂，喷涂时应该以缓慢而均匀的速度移动。重复喷涂至厚度大于 3mm，轮弧处可适当增加厚度。

底盘防锈降噪剂

35

散热器止漏剂有什么作用?

散热器止漏剂根据其组成和物理形态不同分为纯化学成分组成的液态止漏剂，纯化学成分组成的固态止漏剂，由特种植物纤维、高效固化剂、防蚀剂和防泡沫成分组成的液态止漏剂三种。

散热器止漏剂能迅速制止冷却系统各部位渗漏；制止并预防因气缸垫破损引起的冷却液的渗漏；润滑水泵、水套，直接使用不会阻塞散热管道。

散热器

散热器止漏剂

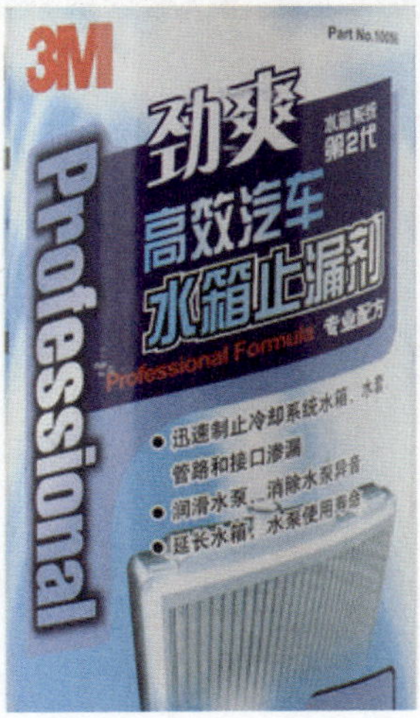

散热器止漏剂

散热器用品

第三章

车表清洗与护理

36

车表清洗有什么作用?

汽车在使用过程中，其车身会受到风吹、日晒、雨淋等自然侵蚀，使其表面逐渐沉积灰尘和各类污物。车表污垢主要有两大类：水溶性污垢，即可用水清洗掉的污垢，包括灰尘、沙粒、泥土等；另一种是用水不易清洗掉的污垢，主要常见的有沥青、焦油、树脂、鸟粪、交通膜等。如果这些不同性质污垢不能及时采取不同方式清除掉，不仅影响到汽车的外观，还会诱发锈蚀和损伤。因此，汽车清洗对保持车容清洁亮丽、光彩如新，延长车辆使用寿命有着重要作用，它是汽车美容最基础的工作。

车表清洗

37

如何根据天气来判断是否洗车？

1）连续晴天时，只要用鸡毛掸子清除车身上的灰尘，再用湿毛巾或湿布擦拭前后风窗玻璃及车窗与两旁的后视镜。一般先清除车顶，再清除前后风窗玻璃、左右车窗、车门，最后清除发动机盖及行李箱盖。如果一直为此种天气，大约一周做一次全车清洗工作即可。

2）连续雨天时，只要用清水先将全车喷洒，使车上的污物掉落，因为还会再下雨。接下来用湿布或湿毛巾擦拭全车所有的玻璃，但当天放晴之后，就得全车清洗一番。

3）忽晴忽雨时，就得常常清洗车身，虽然很累人，但为求车身清洁及避免车表水滴的凸透镜效应损伤车漆也是不得已。

洗车

38 什么是电脑洗车

近几年来，汽车保有量在迅速激增，只要有车就需要洗车，汽车清洗服务市场也随着汽车市场的火爆而水涨船高。在手工洗车、高压水枪洗车等清洗方式越来越不能适应社会和消费者需求的情况下，电脑洗车以其全自动化、快捷、高档享受、性能可靠等特点，开始受到越来越多人的青睐，同时它是采用水源大循环系统，比较环保，可以预见电脑洗车将成为大城市未来汽车洗车的一种主要方式之一。

电脑洗车

电脑洗车

你知道吗 Do you know?

洗车主要有人工洗车、电脑洗车、蒸汽洗车、无水洗车、微水洗车等五种类型。其中人工洗车是指全部工序都由人工进行操作，不使用任何机械设备即可完成的简单过程。路边小店“一条毛巾、一袋洗衣粉、一桶水”的模式大多都是人工洗车。

39

蒸汽洗车有什么优势?

目前市场上已经出现以一杯水通过加温形成蒸汽，再配合专用清洗剂，将“清洗、上光、打蜡”三位一体的效果一次完成。这项技术目前国内已经比较成熟了，洗一辆车仅需 1 ~ 1.5L 的水。而原有的蒸汽洗车机洗一辆车要用 200L 水，国内现有的洗车机最少用水量为 5L，节约水资源是该机最大的优势。

1）节能。用电型蒸汽洗车机洗一辆车，耗电量为 0.8kW・h；使用油型蒸汽洗车机，洗一辆车，耗油量为 0.25L。

2）环保。使用蒸汽洗车机清洗汽车，地面既无污水，又无废水。

3）高效。原有的洗车方式，不可能清洗掉肉眼看不到的尘垢、油渍，而该产品却能在高温高压的作用下，把这些细节完成。

4）快捷。用该机洗一辆车只需 8 ~ 10min，且高温高压下的蒸汽，能使汽车达到美容、消毒的效果。

5）便利。使用蒸汽清洗机不需要专门店铺，它非常轻巧，可流动作业，提供上门服务。

蒸汽洗车

40

无水洗车是如何实现的?

作为科技新事物，无水洗车以其投资小、简单实用及对车体一流的清洁保养作用显示出其特有的魅力，目前在细分的汽车用品市场上越来越显示其优势。无水洗车并不是通过设备、工具来实现的，它是由一系列的产品并辅以人工操作来实现无水洗车的，实质是一种蜡洗，主要原料是国外进口的天然巴西棕榈蜡，此类产品一般称为“快捷手喷蜡”。

无水洗车将针对车漆、玻璃、保险杠、轮胎等不同部位、不同材料使用各种不同的产品进行保养，可以在彻底清洁污垢的同时使汽车得到有效的保养。无水洗车具有车体清洁、打蜡、上光同时完成的功效，其特有的光亮因子可在车体形成保护膜，可有效地抵挡雨、雪、风、沙等对车体的伤害，并保护车漆镜面光泽不受损坏。

蒸汽机

洗车

洗车

41

微水洗车是什么原理？

微水洗车是利用“气、水分离，冲击压力不变，合并采用高技术转换出现微水”的原理，在高压洗车机的基础上进行了技术升级改造。生产出的微水清洗设备可使气、水分离，泵压和水压的和谐匹配可以使其在清洗一般性污垢时效果良好。清洗车外污垢可单用水，清洗车内部分可单用气。采用这种方式洗车，若在 15min 内连续使用，用水量还不到 1.5L。清洗完汽车之后，地面上几乎看不见水流痕迹。这种设备在小区、停车场还有门市都可以用，而且还具有自动加热装置，冬季出水可以是温水。掺入防冻去污剂，可保证冬季洗车不结冰。

微水洗车机

42

为什么不能用洗衣粉洗车?

清洗汽车应使用汽车专用清洗剂，按照规定进行配制。汽车油漆耐碱的承受能力一般为 pH8.0，而生活中常用的洗衣粉或洗洁精的 pH 值都达到了 10 ~ 12 之间，如果长期使用洗衣粉或洗洁精清洗车身，就会造成车漆干裂、车身失光、褪色甚至于漆膜氧化变色等，造成无法挽回的损失。

洗衣粉

43

高压冷热两用清洗机有什么特点?

1）设计先进，性能卓越，坚固耐用。

2）柱塞高压水泵、燃油泵、鼓风机与水冷主电机同轴运行，耗电低，机械效率高。

3）内立式锅炉双层炉壁，预热助燃空气，双层加热盘管，高效燃烧器系统及连续点火装置，出水温度可以自行调节，保证在最短时间内使出水达到高温高压，更可以产生高达 1400℃的蒸汽。

4）一系列压力、流量保证开关和安全阀门以及缺油自动关闭装置，使用安全。

5）有防结垢水处理系统。

清洗机洗车

44

泡沫清洗机有什么作用?

泡沫清洗机利用压缩空气在设备内部产生一定的压力，通过设备配置的系统，将设备内调配好的清洗液以泡沫状喷射到需要清洗的汽车车身表面，通过化学反应，起到去尘和去污的作用。泡沫清洗机种类较多，有气动和电动两类。泡沫清洗机的使用方法如下：

1）打开加水阀和排气阀，加入清水，依水柱标高为准，然后按比例加入清洗剂。

2）把加水阀和排气阀关好，然后用快速接头接上空气压缩机，再将工作气压调至 245kPa（压力开关顺时针为增加压力，逆时针为减小压力）。

3）以上工作准备好后，开动空气压缩机，当压力表压力升至 245kPa 时，打开喷枪阀开关，即可喷射出泡沫，喷射距离为 5 ~ 7m，喷射距离可用压力来调节。

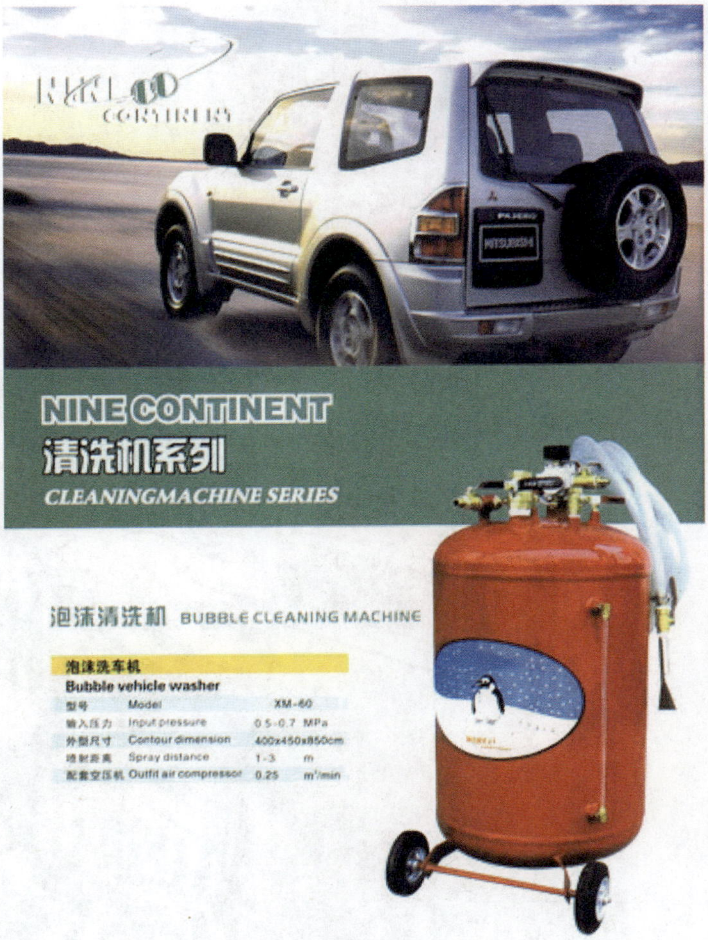

泡沫清洗机

45

车巾有什么作用?

车巾是最新研制出来的汽车专业清洁产品。清洁剂通常呈强酸或强碱性，通过和污垢发生中和化学反应达到去污效果，但强酸或强碱会损坏车表，对人体的健康也不利。用车巾去污时，其特有的乳化液会结合车表的污垢，使之软化、松脱后，再将其去除。乳化液的 pH 值为 7.0，所以无论污垢是酸性还是碱性都能被去除，且环保无害。

车巾

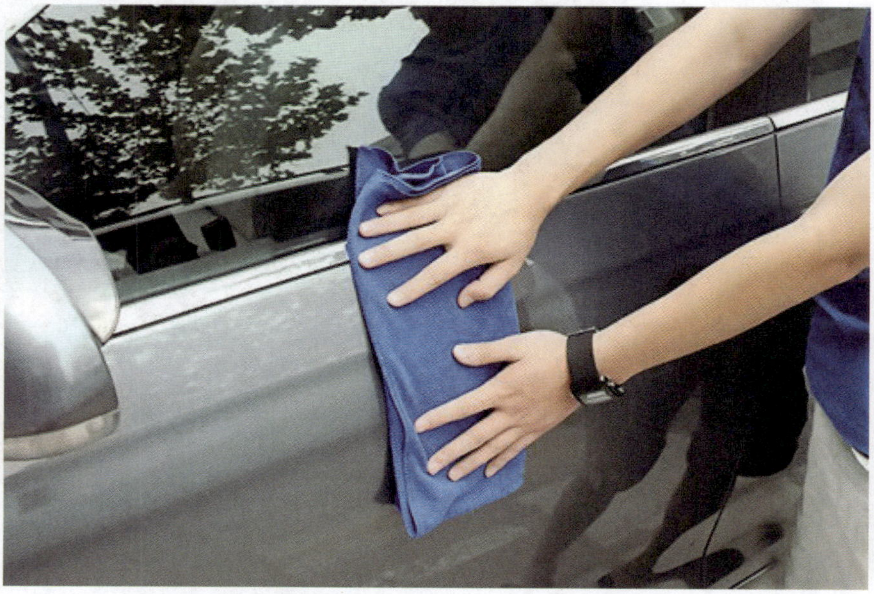

车巾擦车

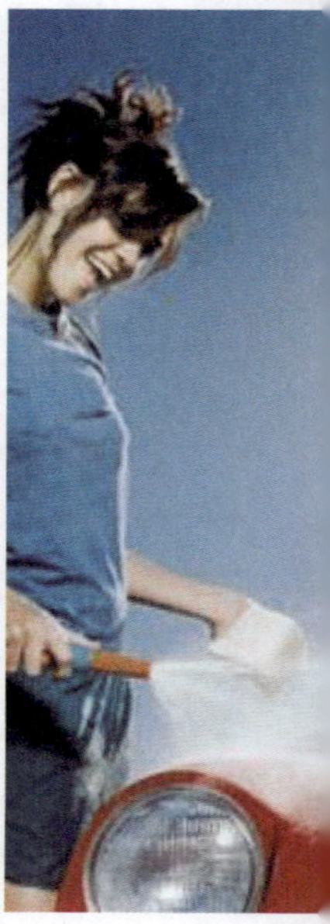

车身溅水

车表清洗

46

车表有哪些常见侵害？

汽车的保养正如人们护理皮肤一样，皮肤如果得不到爱护就会变得粗糙，失去弹性和光泽，就会未老先衰。通常情况下，车身表面主要受到来自四个方面的侵害：

1）紫外线。汽车漆面经过长期的阳光照射，漆层内部的油分会大量损失，漆面日益变得干燥，于是出现失光、异色斑点，甚至龟裂。

2）有害气体。静电吸附的灰尘、有害气体分子附着物逐渐加厚，时间久了就会形成一层顽固的交通膜持续损伤漆面，原来很光亮的车身变得暗淡，颜色也不鲜艳，严重影响以后上蜡的质量。

3）雨水。由于工业污染，使雨水中二氧化硫、二氧化碳、盐分及其他有害物质的含量越来越多而形成酸雨，造成对漆面的持续侵害。

4）其他因素。汽车在运行过程中也会受到外界的侵害，如车漆被硬物等划伤和擦伤、鸟粪和树胶等粘附于漆面而形成的侵害。

47

什么是车表护理?

车表护理是指在车表清洗的基础上，对车身漆面进行一系列的护理性美容。由于车身漆面护理产品不断地推陈出新及操作工艺的不断革新，使得漆面护理的内涵与外延不断拓展。目前，车表护理主要包括车身打蜡、车身封釉及车身镀膜等车表护理性美容。

车表护理

车表护理

48

车蜡有什么作用?

汽车车蜡的主要成分是聚乙烯乳液或硅酮类高分子化合物、油脂和其他添加成分。目前，市场上各品牌车蜡涂覆在车身表面后具有以下作用：

1）隔离防水作用。

2）上光作用。

3）抗高温作用。

4）防紫外线作用。

5）防静电作用。

6）研磨抛光作用。

7）防氧化作用。

8）防划伤作用。

车蜡

车蜡

你知道吗
Do you know?

车蜡是一种涂抹在车漆表面，用来保护漆面，同时又起到美观用途的化学材料，车蜡是美容护理不可或缺的重要材料。

49

车蜡是如何隔离防水的?

车蜡能使车身漆面上的水滴附着率减少 60% ~ 90%，高档车蜡还可使残留在漆面上的水滴进一步平展，呈扁平状，最大限度地减少水滴对阳光的聚焦，从而使车身免受侵蚀和破坏。汽车属于室外用品，经常暴露在空气中，免不了风吹雨淋，同时运行环境复杂，容易受到有害气体、有害灰尘及水分等腐蚀性物质的侵蚀。当水滴存留在车身表面时，在强烈阳光的照射下，每个小水滴就成为了一个凸透镜，在其聚焦作用下，焦点处温度可达 800 ~ 1000℃，从而造成漆面暗斑，极大影响漆面的质量及使用寿命。有害气体和有害灰尘也会造成车漆变色、老化。另外，水滴易使暴露金属表面产生锈蚀。车蜡可在车漆与空气之间形成一层保护层，有效地隔离车漆与有害气体、有害灰尘，起到一种屏蔽的作用。高档车蜡可使水滴附着率减少 90% 以上，这就大大降低了车身遭受侵蚀的可能性，最大限度地保护了漆面。

车蜡

车蜡

50

车蜡是防静电的么?

汽车静电的产生主要有两个来源：一方面是纤维织物，如地毯、座椅、衣物等的摩擦而产生的；另一方面是由于汽车在行驶过程中，空气中的尘埃与车身金属表面相互摩擦产生的。由于静电的作用，会使灰尘附着于车身外表，无论是哪种原因产生的静电，都会给驾乘人员带来诸多不便，甚至造成伤害。给汽车打蜡，在车身表面与空气流之间形成一层隔离层，从而减小静电影响。车蜡防静电作用的原理是隔断尘埃与车表面金属的摩擦，通过打蜡隔断空气及尘埃与车身漆面的摩擦，不但可有效防止车表静电的产生，还可大大降低带电尘埃在车表面的附着。由于涂覆蜡层的厚度及车蜡本身的附着能力不同，其防静电效果会有一定的差别，一般防静电车蜡在阻断尘埃与漆面摩擦的能力方面优于普通车蜡。车身打蜡对消除或减小静电影响、使车身保持清洁具有重要作用。

51

为何要定期进行美容打蜡？

传统的汽车打蜡是以上光保护为主，随着汽车美容业的发展，汽车打蜡被赋予了新的内容。如果一辆车打了蜡，并且蜡层较厚，就能够达到较好的光亮效果。但车蜡属于油性物质，与漆面的结合力差，保护时间较短，蜡层常常因下雨或冲洗等因素而流失，有时甚至会附着在风窗玻璃上形成油垢。因此，汽车应该定期进行美容打蜡。

美容打蜡

上光蜡

52

如何使用上光蜡?

上光蜡由高分子聚合物组成，不含研磨材料，涂抹车漆表面，可以在漆面上形成薄薄的保护膜，防止漆面的机械、化学损伤。它不伤车漆，可去除车表污渍，形成光亮滑爽、均匀持久的保护膜，延缓车漆老化，适合于较好漆面的早期保养，或抛光翻新后的漆面护理。

上光蜡的使用方法如下：

1）先清除车表灰尘。

2）用海绵均匀涂抹上光蜡于车漆上。

3）待稍干后，用抛光机来进行抛光。

开蜡水

53

新车开蜡是如何进行的?

1）车身表面的冲洗。新车开蜡时必须先冲洗车身表面，可用冷水高压清洗机冲去车表尘埃及其他表面附着物，否则会影响开蜡水的溶解效果。

2）开蜡水的喷洒。冲洗干净车身表面后，在开蜡车车身表面均匀喷上开蜡水。等待 6 ~ 8min，使开蜡水完全渗透于蜡层，快速溶解车表蜡的保护层。

3）擦除残蜡。当车表蜡层完全溶解后，用棉布、毛巾或无纺布擦除车表的残蜡。擦拭时注意清除厂牌、车标内空隙及油箱盖钥匙孔周围、边缘或转角部分，车门车窗密封橡胶的边条缝、车牌、车灯、门边等处残存的车蜡。

4）清洗及擦干车身。使用冷水高压清洗机冲洗车身表面，然后喷上洗车液清洁车身，最后再用高压水冲净车身，擦干后即可交车。

你知道吗
Do you know?

汽车制造厂生产的新车要运到各地的经销商处进行销售，下线时为了避免在运输过程中或露天停放时风吹日晒雨淋以及粉尘烟雾等侵蚀，都必须进行喷蜡覆盖保护，以防漆面腐蚀氧化。但在新车交付正常使用时，这层新车的保护蜡必须先除去，然后再重新清洗上光护理。

开蜡

54

什么是封釉?

封釉就是用柔软的羊毛或海绵通过振抛机的高速振动和摩擦，利用釉特有的渗透性和粘附性把釉分子强力渗透到汽车表面、油漆的缝隙中去，如陶器表面一般，故而形象地称为封釉。漆面经过封釉可有效地防止紫外线辐射，保护层让车辆表面防酸碱的侵蚀，防风的吹打，保护车漆不被氧化造成褪色，另外釉面还可以防火、防油污及轻度硬物的刮擦。

封釉

封釉

55

为什么进行汽车封釉?

汽车行驶在各种路面上，很容易附着上脏污的东西，刚刚洗完的车开出去不久，车漆上就会又成了灰蒙蒙的一片。而釉表面不粘、不附着的特性，使得漆面即使在恶劣和有污染的环境中也能长久保持洁净，而且还可以有效抵御温度对车漆造成的影响，漆面的硬度也可以得到大幅度的提高，具有防酸、防碱、防褪色、抗氧化、防静电、高保真等功能。新车买了之后就去封釉，可以留住车漆的艳丽色彩；旧车做封釉可以使氧化褪色的车漆还原增艳，有翻新的效果。

车表养护

56

什么是电喷镀膜?

电喷镀膜是指在传统抛光工艺的基础上，使用专用的喷枪，将色彩还原魔幻蜡细化至 0.01mm 粒度，并均匀喷涂在车身漆面上，然后再用无纺布抛光，从而在漆面上形成一层蜡膜。对于车身漆面上的“鱼纹”和“划痕”，它拥有优于传统的抛光处理和喷漆处理的修复和保养功能。

漆面镀膜

57

电喷镀膜有什么作用?

电喷镀膜的主要成分是玻璃纤维素，它的特性在于在车漆表面形成保护层，隔绝外界物质对面漆的损害，不仅使车身色彩得到还原，而且增加了亮度，从而达到焕然一新的效果。另外，与其他喷漆护理技术相比，做过电喷镀膜的漆面，其抗氧化、抗高温、耐磨损、耐腐蚀等性能更优越。而且，做了电喷镀膜后，将彻底解决因手工旋转摩擦打蜡而留下的一道道光圈，并使蜡层分布更均匀、细腻，硬度更大，亮度更持久。电喷镀膜后的效果可持续 2 ~ 4 年，在此期间，车身漆面基本不用再做其他护理，并可得到优良涂膜硬度。

水晶镀膜

第四章

内外饰件清洁与美容

58

为何要进行车内清洁？

汽车在长期的使用过程中，不可避免地造成泥沙污染、香烟焦油斑、汗渍和室内外通风所带来的花粉、粉尘污染，致使车内空气受污染，进而细菌滋生，甚至产生难闻异味，使丝绒发霉、真皮老化，既影响车主身心健康，又不利于驾驶心境。因此，为了创造良好的驾乘环境，定期做室内清洁就显得很重要。

清洁出风口

59

真空吸尘机有何作用?

车身内经常有大量的灰尘积聚，特别是座椅上和一些角落部位的灰尘很难清除。真空吸尘机一般采用 360° 旋转吸口和多级过滤以及简单的过滤层更换，能十分方便地伸进各个角落部位，快速地吸去灰尘。为方便在不同空间中进行工作，常见的接头有正方形、圆形、长方形等。

真空吸尘机

真空吸尘机

60

高温蒸汽清洗机有何作用?

车身内饰和地毯等纤维绒布织品极易积聚污垢，使细菌极易繁殖，而除尘机只能除尘，无法清除细菌，拆装内饰和地毯也十分麻烦，因此，清洁的难度很大。

利用高温蒸汽对纤维织物等进行深度清洗，去除藏匿在其中的细菌和油渍，不需要任何化学清洗剂的辅助，可在短时间内产生 150℃的高温蒸汽，使蒸汽喷射于需要清洁的内饰表面上，起到快速灭菌作用，特别是对空调系统出风口的清洁效果更佳。蒸汽清洗机还可加入各种芳香剂，使清洁后的车内空间芳香舒适。从蒸汽到热水，温度自由调节。

高压蒸汽清洗机

61

使用空气清洁枪有哪些注意事项?

空气清洁枪主要用于清洗汽车内饰件，同时也可将车窗、后视镜等处的残余水珠清除掉。使用时应注意以下几点：

1）工作时，清洁枪的压力不能超过 $10kgf/cm^2$，以免损伤清洁枪。

2）使用前要测试是否对清洁物有损坏，特别是过旧的车辆。

3）使用专用清洗液，以免损坏清洁枪的零部件。

4）禁止对着人吹风。

5）施工完成后将清洁枪清理干净，放在干燥通风处。

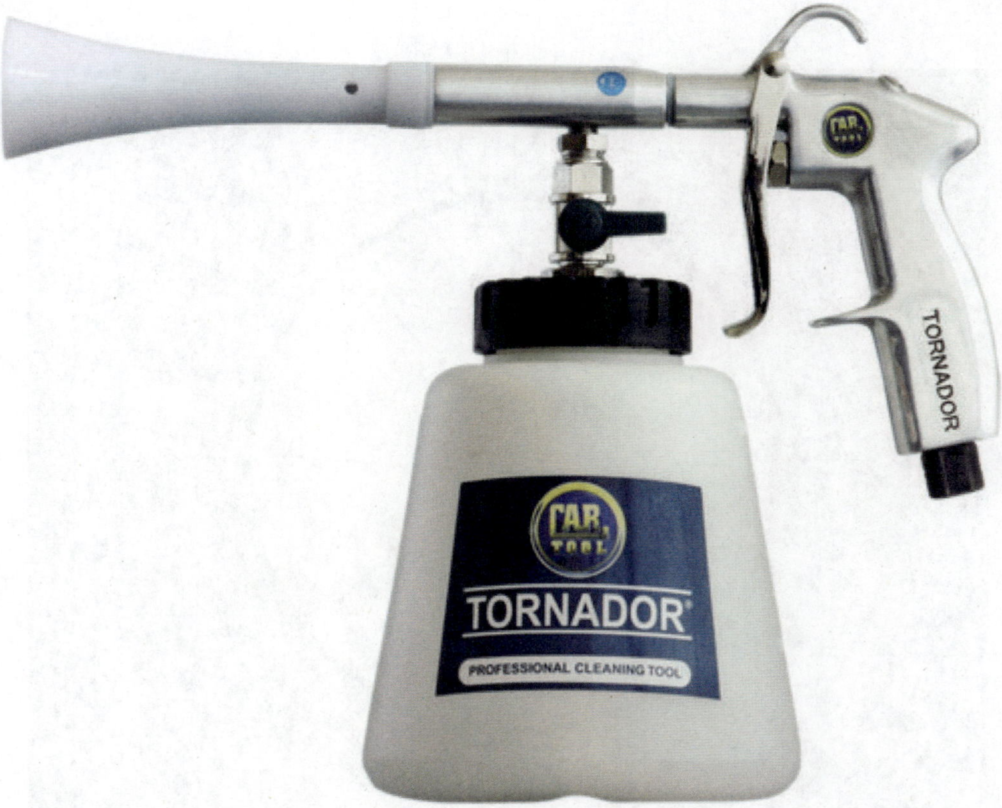

空气清洁枪

62

专用甩干桶是美容必备设备吗?

车上的座椅套、可拆式地毯和脚垫等织物容易弄脏，每隔一段时间使用后应取下用水或用泡沫清洗，彻底去除灰尘、污渍和杀灭滋生细菌。由于这些织物体积大、分量重，水洗后难以用普通脱水机脱水。

汽车美容专用甩干桶容量大、转速高、功率大，能在数分钟时间内达到很好的脱水效果，是汽车美容必备设备。

甩干桶

甩干桶内筒

桑拿机

63

什么是高效多功能洗衣机？

汽车上的座椅套、头枕套等织物容易弄脏，每隔一段时间都要进行清洗。为了节省车主的时间，汽车美容店应该创造条件，做好全方位的服务工作，在美容的同时，做好织物的清洗。汽车美容店的洗衣机必须是集清洗、脱水、烘干和免烫等功能于一体的高效多功能洗衣机。这样才能在完成汽车美容的同时，也完成各种织物的清洗和烘干。

桑拿机

64

桑拿机能快速灭菌吗？

车身内饰和地毯等纤维绒布织品容易积聚污垢，使细菌容易繁殖，而除尘机只能除尘，无法清除细菌。桑拿机能在很短的时间产生大量的高温蒸汽，压力可达 0.40MPa，温度可达 120℃，蒸汽喷射于需要清洁的内饰表面上，起到快速灭菌作用。

65

车内的清洁材料有哪些?

车身内部设备多，结构复杂，材料又各不相同，因此必须采用不同的清洁方法和用品。车身内部清洁所需的材料和护理用品比较多，大概分为以下几类：

1）强力顽渍去除剂。

2）皮革清洁剂。

3）抗菌泡沫清洗剂。

4）表板清洁剂。

5）万能泡沫清洗剂。

6）百丽珠二合一清洁剂。

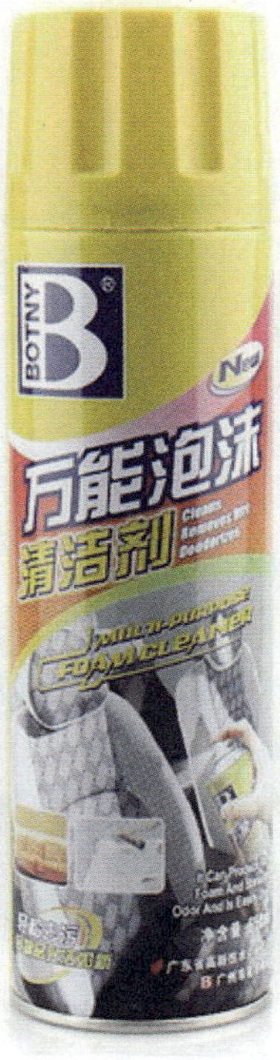

万能泡沫清洁剂

多功能泡沫清洁剂

66

强力顽渍去除剂适用于哪些饰物?

强力顽渍去除剂产品性能特点:配方独特，可用于地毯、家具、乙烯基和丝绒坐垫等物品的清洁产品;独特的清洁头刷可使最难的清洁工作变得非常容易，去除表面顽渍可达到最高清洁度;清洁并恢复地毯和丝绒饰物的原有本色;特别适用于布制、丝绒和尼龙内饰物。强力顽渍去除剂的使用方法如下:

1）用前摇匀。

2）在不明亮的地方检查保色性。

3）距离污渍表面 15 ~ 25cm 处喷射。

4）让泡沫停留 20 ~ 30s 以浸透污渍。

5）用干净的湿布或海绵在脏处呈圈状反复擦洗。

6）再用湿布和海绵擦干净。

7）待干后，将有污渍的地方用干布擦一下或用吸尘器吸干。

柏油清洁剂

67

皮革清洁剂是如何使用的?

皮革清洁剂的产品性能特点：清洁所有真皮装饰件，去除表面污渍，清洁并恢复皮革的原有本色；并可以增加对皮革制品的保护；适用汽车的所有真皮制品。

皮革清洁剂的使用方法如下：先将皮革清洁剂摇晃均匀，在沾有污物或污渍的部位均匀地喷洒在皮革表面，停留 3min 后，用干净毛巾反复擦拭至恢复原有的清洁表面，过几分钟，用干净的软布反复擦拭，即可恢复原有光泽，对污垢比较严重的地方，可以重复擦拭数遍。

皮革清洁剂

68

抗菌泡沫清洗剂有什么作用?

抗菌泡沫清洗剂采用环保型可降解表面活性剂和最新长效无毒抗菌剂制成，不仅具有超强的深层清洁效果，可完全彻底地清除任何污渍，而且在使用后可长时间抵抗物体表面所粘附的各种细菌，防止病菌的传染，从而更好地保护乘客的健康。

抗菌泡沫清洗剂不含磷酸盐，不会污染环境，对皮肤无刺激性，泡沫细腻丰富，气味芳香，使用方便安全。

抗菌型泡沫清洗剂

清洁仪表板

69

如何使用表板清洁剂？

仪表板是汽车附属功能控制、使用的控制面板，形状复杂，开关、仪表数量多，有些仪表板为了和汽车造型相适应，其外形更是复杂，最容易藏污纳垢。像覆盖有人造皮革或真皮的仪表台，由于皮革表面纹路多或附有毛孔，长期操作使用和触碰按钮，容易附着污物或滋生细菌，应认真清洁。

表板清洁剂在清洁的同时其有效成分可在汽车仪表台的表面形成一层光洁亮丽的抗菌保护膜，该膜具有抗静电、抗紫外线、防老化等功能。表板清洁剂在使用前先摇匀，直立罐身，距离仪表台表面 15 ~ 20cm 均匀喷射，再用柔软干布擦拭至光亮即可。

表板蜡

护理真皮座椅

真皮清洁滋养素

真皮座椅

70

如何清洁护理皮革座椅?

皮革表面有许多细纹，这些细纹容易吸附污垢，且很难彻底清除干净。清洁护理时切不可使用洗衣粉，否则不仅清洗不干净，还会影响美观、产生裂纹而影响使用寿命。皮革座椅的清洁护理方法如下：

1）将皮革表面用软布揩擦干净，除去其上的尘土、水汽。

2）将清洗剂喷敷到皮革座椅表面，稍停 1 ~ 2min，让清洗剂有效地浸润和分解硬结在皮革表面的油污。

3）用干净毛巾或软布轻轻擦拭并擦干，直至污垢被全部清除。

4）待皮革表面干燥后，将皮革保护剂均匀地喷敷在皮革表面，浸润 1 ~ 2min，并用干净毛巾反复擦拭，直至皮革光亮如新。若光亮度不够，可多遍喷敷擦拭。皮革上光后要进行必要的风干或烘干干燥处理。

71

如何清洗空调系统?

清洁时，要先了解车辆进出风口和空调滤网的位置，用真空吸尘机对各进出风口吸尘，然后取下空调滤网，吹除灰尘，用湿毛巾擦去进出风口的灰尘和污垢，对于个别沾有油污的部分，可喷涂塑料清洁剂后用毛巾或海绵擦拭。后座椅上的控制面板由于较易沾染油脂和汗渍，应采用塑料清洗剂进行清洁，喷涂后用丝绒轻轻擦拭，但切勿用力过大，以免损坏电控开关和刮花面板上的饰件。最后用特效空气清新剂喷涂滤网和空气道进行消毒。

完成对空调系统的清洁后，应起动发动机，开启空调系统，将控制开关置于内循环和最大出风量，在进出风口处喷洒空气消毒剂进行杀菌和除异味，最后再喷洒空气清新剂。

清洁出风口

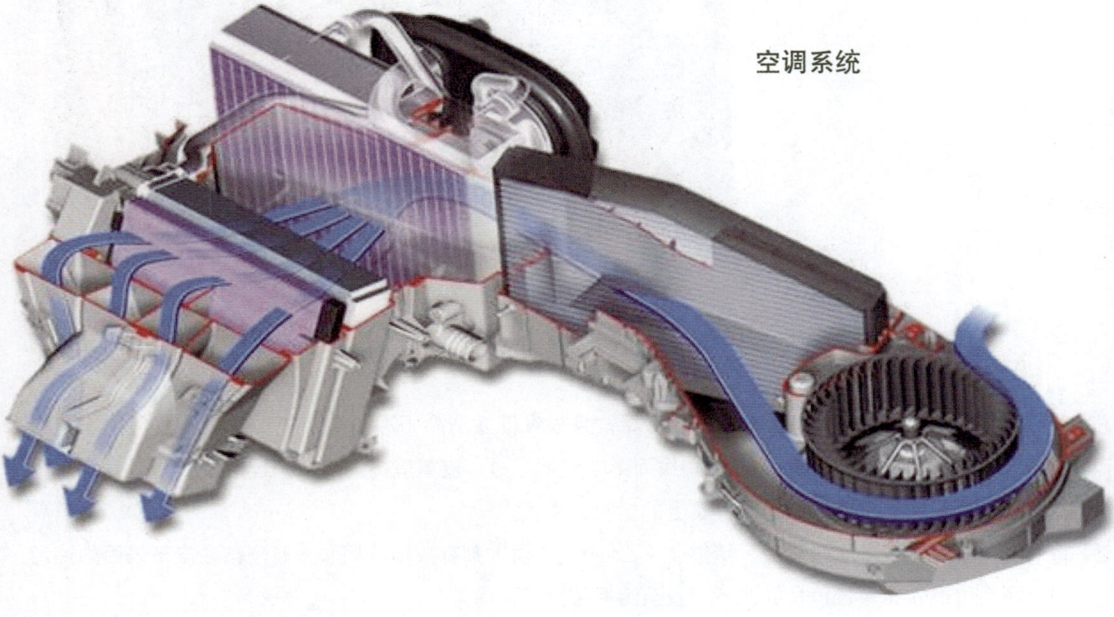

空调系统

自动感应开启行李箱

72

如何清洁护理行李箱?

行李箱与车身内部极为相似，内饰多为绒布，清洁方法也基本相同，在吸尘的基础上进行蒸汽喷熏、清洁、护理等美容作业。

先用高温蒸汽清洗机对整个行李箱进行蒸汽喷熏，再用喷抽式地毯清洗机对行李箱内部进行清洁护理，如果没有此三合一类型的清洗机，可手工进行操作。方法是用湿毛巾进行擦拭，主要是去除灰尘。对于局部脏污较严重的部位，用化纤物清洗机进行清洁。对丝绒内饰可再喷涂一层丝绒保护剂或丝绒光亮剂；对行李箱的密封条，可先用水清洗，然后用毛巾吸干水分，再上车蜡或橡胶保护剂，护理完成后应将在清洁前从行李箱内取出的物品放回原处。

行李箱

73

为什么要对车内进行消毒?

车内经过清洁后，已经焕然一新。装复地毯、脚垫、座椅套和头枕套后，仍有许多看不见的有害细菌无法彻底清除。在人呼出的气体中，至少存在 25 种有害物质，例如：二甲胺、酚类、苯类、四氯乙烯以及各种病菌，加上人体排泄出的汗液，鞋、袜、衣服等散发出的气味，人在谈话、咳嗽和打喷嚏时喷射出来的唾沫，都在不同程度上加重了车内空气的污染。而我们所熟悉的“新车味道”中也充满了塑料、泡沫、胶粘剂及地毯散发出来的挥发性有机化合物及其他污染物，其危害也极大。因为车内空间狭小，有害气体不易挥发，驾驶人若长时间在这种环境污浊环境中驾驶，极易引起不适，甚至导致交通事故的发生。因此，必须对车内净化，主要净化处理措施方法有两种：一是内饰消毒及喷空气清新剂；二是采用光触媒消毒法。

车门消毒

车内抗菌剂净味剂

74

车内空气污染有哪些来源?

1）新车内饰材料中含有的有毒气体，主要包括苯、甲醛、丙酮和二甲苯等，这些有害物质在不知不觉中使人出现头痛、乏力等中毒症状。专家认为，内部装饰豪华的轿车更容易产生污染，其内部更容易产生污染，其内部装饰选用的皮类、电镀件、金属件、油漆、工程塑料等材料处理不当，会辐射出有害物质。

2）汽车发动机产生的一氧化碳、汽油味，均会使车室内的空气质量下降。

3）车用空调蒸发器长时间不进行清洗护理，就会在其内部附着大量污垢，所产生的胺、烟碱和细菌等有害物质弥漫在车内狭小的空间里，导致车内空气质量变差，甚至缺氧。另外霉菌在汽车通风系统内长年存在。这个问题在潮湿气候条件下运行的空调中尤为突出。有的霉菌会造成哮喘、呼吸困难、记忆力及听力丧失、肺部出血等症状。

4）人体自身的污染。当空气中二氧化碳浓度达到 0.5% 时，人就会出现头痛、头晕等不适感。车内空间较小，更容易造成污染。

5）乘客的交叉污染。

75

消毒剂有什么作用？

消毒剂是通过采用化学方法进行杀菌消毒。主要是通过使用一些消毒剂对汽车进行喷洒和擦拭，以实现杀菌消毒，常用的消毒剂主要有过氧乙酸、来苏水和消毒液三种。

来苏水

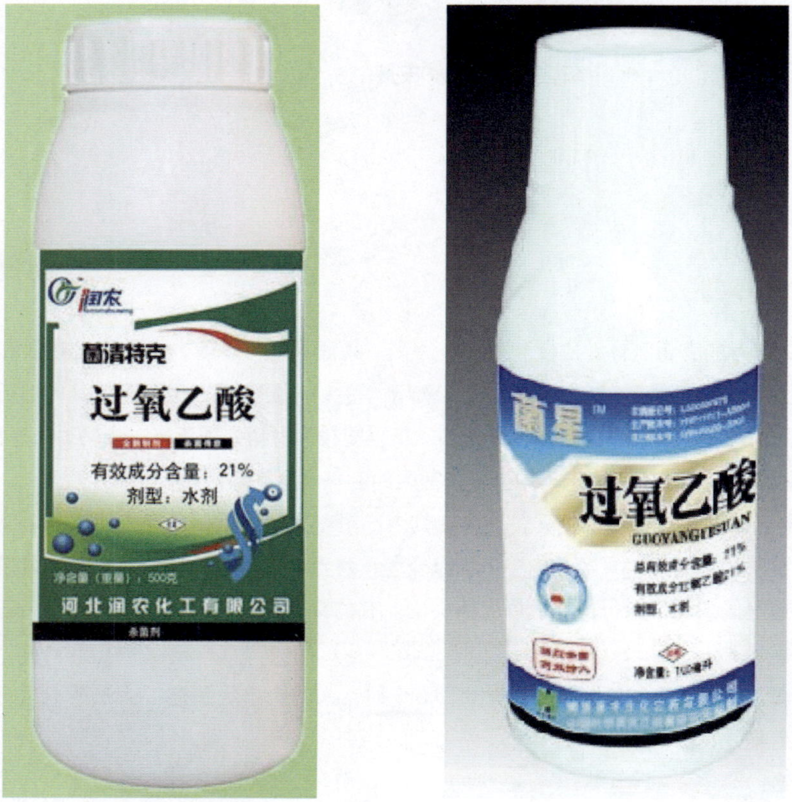

过氧乙酸

76.

如何使用常态消毒液进行消毒?

常态消毒液主要配合高温蒸汽来进行消毒。同时针对不同的使用对象，备有一组不同尺寸大小的刷子及喷头，用来清洗座椅、门板、四壁等不同部位。

消毒前，先将消毒液按规定的比例稀释后，装入蒸汽机内，接通电源，加热约 30min，观察温度及压力表，当温度高达 130℃左右时，即可利用其形成的高温蒸汽对车室各部件进行逐一消毒。

最后向车室喷洒车室除臭剂。在消毒时应避免接触电器部分。整个过程大约需要 1h 的时间。一般 1～2 个月进行一次。

77

如何进行车内高温蒸汽消毒?

在经常打开车窗的基础上，必须采用室内消毒的方法来清除细菌，主要采用高温蒸汽的方式进行杀菌消毒。具体操作与全车“桑拿”区别不大，主要区别在于加入高温蒸汽清洗机清水时，还需要加入专用的绒毛清洗剂，杀毒的效果会更好，其以蒸汽混合喷涂到汽车顶棚、地毯、绒座椅、门把等绒布位置，从而达到杀毒目的。

清毒完毕后，可以选择适合的香型，喷洒少量空气清新剂，使乘坐环境更为舒适。为了得到清新的空气环境，还可采用如下措施：起动发动机，提高转速到 1500 ～ 2000r/min，将空调打到外循环，打开鼓风机，保持 5min，可使车内空气焕然一新。

高温蒸汽消毒

78

什么是光触媒技术?

光触媒技术也是一种清除汽车内室异味、净化内室空气质量的技术，可按产品说明操作。光触媒美容用品可高效降解车内空气中的甲醛、苯、甲苯、二甲苯等有害气体，氧化消除各种异味，有效防止汽车内室隐藏部位的霉菌滋生，保持车内空气清新。

79

如何进行车内光触媒消毒?

内饰经过吸尘、清洁与护理之后，净化工作显得简便多了。光触媒主要是采用喷涂技术进行施工，具体施工工艺如下：

1）降下车窗，打开车门，保持通风。

2）将清洁的喷枪与空气压缩机相连，并进行空喷射以排除喷枪及管内的水分。

3）将白色牛奶状的液态光触媒注入喷枪，并进行试喷：在距离试板（通常为 30×40cm 纸箱板）30cm 垂直距离处，对准试板中心喷射，调整喷枪喷涂量，调节旋钮使喷射带宽度达到在喷射中心上下各 10cm 内的最佳喷射状态。

4）待车内各清洁部位干燥后，依顺序进行光触媒操作，喷涂顺序与吸尘顺序相同。同时为防止将光触媒喷涂到玻璃、顶灯、内后视镜、开关、门把、饰条上，应在喷涂时遮住上述部件。

5）喷涂完毕，升起车窗，关上车门，起动发动机，开启空调并将空调置于内循环和上半身送风状态运行 3 ~ 4min。

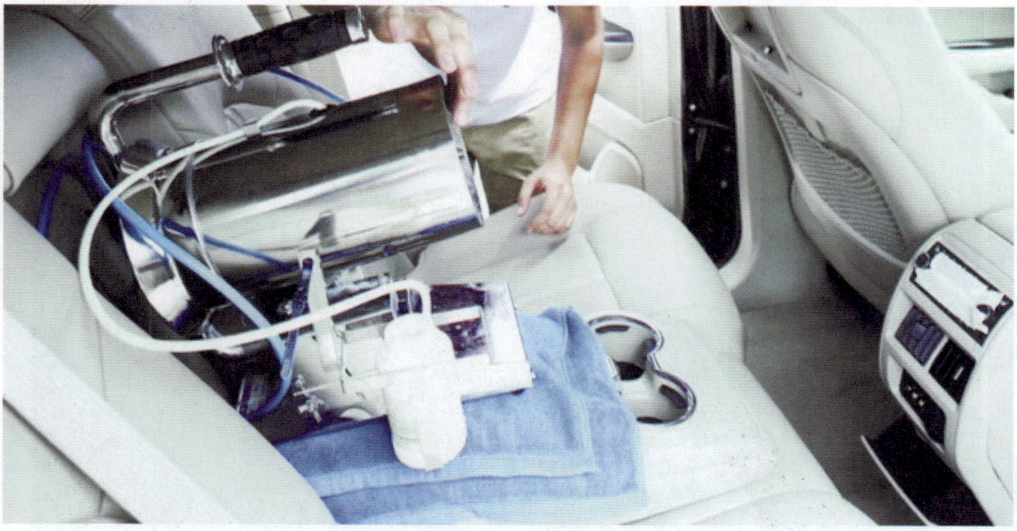

车内光触媒消毒

6）关闭发动机，打开车门，等待 10min 以使光触媒喷涂到的部位完全干燥。并将吸尘时移出的物品归位。

7）收尾工作。主要是为了防止喷枪生锈须清洗喷枪。方法是在喷涂结束后将水倒入储液罐内，进行水喷雾将吸管和喷嘴洗干净，用布擦掉储液罐内的水分。

80

如何清洁门窗玻璃？

清洁门窗玻璃

门窗玻璃不像前后风窗玻璃那么脏，其表面主要粘附物为尘土和人手指的油脂，处理起来就比较方便。

1）首先清洗车身，将玻璃上附着的沙砾、尘土等污物在浸润后被高压水流冲走；玻璃上粘附的鸟粪、昆虫和沥青等污物，可用塑料或橡胶刮刀轻轻刮除。

2）在海绵上蘸适量玻璃清洁剂，均匀地擦拭玻璃的内外表面，静置一段时间，待已擦抹的表面变白后，再用柔软的布擦干。

清洁玻璃

81

如何清洁车内后视镜?

车内后视镜主要是倒车时进行观看，由于其环境相对封闭，所以在进行清洁时相对简单，常见的清洁方法如下：

1）用玻璃清洁剂距镜面 20 ~ 30cm 处对准镜面喷 2 ~ 3 揿，停留 5 ~ 10min 后，用鹿皮将后视镜镜面的污渍吸干。

2）如果效果不佳，可以再进行一次。

车内后视镜

车内后视镜

清洁发动机

82

如何清除发动机油污?

发动机清洗可采用多种方法，清洗产品也很多，但不可用汽油清洗。使用的清洗剂需要注意三点：一是碱性小，不可腐蚀外涂银粉、清漆或漆面；二是使用方便，除油彻底；三是使用经济，成本低。

专业的汽车发动机清洗剂应含有具有良好生物降解功能的阳离子表面活性剂，虽然有碱成分，但因加入了碱性抑制剂，因此能更好地清洁而不伤及银粉和漆面。使用时，应先将发动机表面用清水湿润，然后喷涂上汽车发动机清洁剂，停留 2～3min 后，用高压水冲洗。对于极脏的污垢处，可用毛刷蘸取清洗剂进行刷洗。

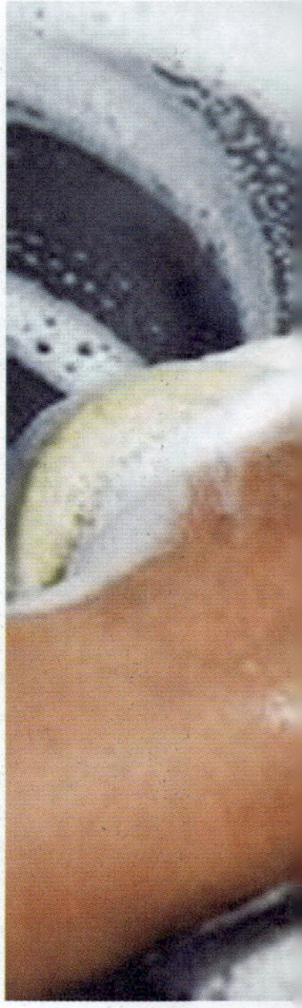

83

如何清洁汽车底盘?

1）将汽车用举升机升至工作高度并将举升机锁止好，以免出现事故。

2）用高压水全面冲洗底盘，有可能的话，最好使用高压热水冲洗机来冲刷去掉脏物，只用自来水很难冲洗干净。冲洗时对边缘部分、弯曲部位以及四轮的挡泥板等部位更应仔细冲洗，有时还需配合使用较软的钢丝刷或铲刀来除去顽固残留脏物，但操作要小心，不要损伤保护涂层。

3）使用工作灯仔细检查车身底部和底盘、悬架等处有无生锈。如果生锈或有伤痕，用砂纸打磨去除浮渣、锈污，然后先后涂上防锈漆和底盘沥青涂料。

4）有必要的话还可以对汽车底盘部位全面喷涂保护剂。喷涂之前，应先卸下四个车轮，将轮毂、减振器、排气管及转向节等有相对运动的接合表面，以及其他不得喷涂的部分用防涂纸进行覆盖。当必要的防涂遮蔽工作完成后，才能进行喷涂作业。

高压水冲洗底盘

清洁玻璃

84

为什么进行玻璃清洁与抛光？

汽车玻璃就像人的眼睛一样，不能有灰尘，应经常保持其干净透亮，这样才能充分保证行车安全。

专业的玻璃清洁用品主要有玻璃清洁剂、风窗玻璃抛光剂、电离子镀膜剂。风窗玻璃抛光剂具有抛光、上光作用，不但能使表面洁净、光滑，防止灰尘二次沉降，同时也可改善雨刷擦痕。电离子镀膜剂是利用电子物质分解原理，在光亮的表面涂覆一层具有拨水性的正负离子膜，可将水以线形滑落而不附着在风窗玻璃或倒车镜上，从而保证雨天行车时视线良好，提高行车安全。同时，还可以提高玻璃的耐候性、耐磨性，抗老化、防氧化、防静电。

清洁前风窗玻璃

85

如何清洁护理前风窗玻璃？

前风窗玻璃在行驶中，由于静电的作用经常会形成交通膜及各种污渍，同时由于车室与外部环境常有温差，会形成烟雾薄膜，严重影响驾驶员的视线。另外，前风窗玻璃也易失光，导致视线模糊。依据以上特点，前风窗玻璃清洁护理是非常必要的，并应有针对性，其操作步骤如下：

1）清洁前应先将上面粘附的污斑、昆虫和柏油，用塑料或橡胶刮刀除去。

2）摇晃专业型玻璃清洗剂，喷涂于玻璃上，稍等片刻，用纯棉方巾擦拭，再冲洗干净。

3）对存在交通膜或烟雾薄膜的，可使用风窗玻璃抛光剂进行抛光处理。方法是将抛光剂涂在预擦拭的玻璃上，稍等片刻，用干净软布作直线式往复擦拭，直到将玻璃擦亮为止。

4）然后再上电离子镀膜，用鹿皮擦拭干净。

添加风窗玻璃清洁剂

风窗玻璃清洁剂

车灯

86

如何清洁抛光车灯?

车灯的光照度对行车安全又重要影响，其中灯罩玻璃表面老化或有不同程度的划痕而导致光照度下降是主要原因之一，但对车灯的护理很少被人重视或不知如何处理。其实，车灯的护理很简单，用透明塑料件研磨剂对车灯表面进行研磨抛光后，再用透明塑料件抛光剂用同样的方法进行抛光保护即可，其具体操作方法如下 :

1）用玻璃清洗剂将车灯清洗干净，并吹干。

2）将叠成方形的干净的纯棉毛巾蘸少许透明塑料件研磨剂对车灯表面进行研磨，出现光亮后，用毛巾擦干。

3）用另一块方巾蘸少许透明塑料件抛光剂用同样的方法进行抛光，直到清澈透明为止。

4）作业时应注意研磨、抛光车灯玻璃时力度不可过大。

清洁轮胎

87

如何美容护理轮胎?

轮胎美容包括清洁、增黑上光等作业，其操作方法如下：

1）用高压水枪冲洗掉轮胎表面上的大量泥沙、污物。

2）用沥青清洗剂去除轮胎上附着的焦油和沥青等油性污物。

3）用塑料刷子清洗轮胎，去除轮胎缝隙里的污物、石子。

4）用万用清洗剂喷覆在轮胎上，用塑料刷子进一步清洗，并用高压水彻底冲洗干净。

5）将轮胎保护剂摇晃均匀，按顺时针喷涂于轮胎内外侧，晾干即可。

轮胎

88

如何清洁车外后视镜？

车外后视镜由于工作环境的原因，不可避免在天气变化时其成像会受到影响。冬天下雪或冻雨时会在后视镜面形成一层冰；夏季下雨时由于镜面有油脂，雨水会在镜面上形成小水珠，影响驾驶员的视野。车外后视镜的清洁操作方法如下：

1）清洁车身，用海绵蘸水将后视镜镜面擦拭干净。用鹿皮将水分吸干，绝对禁止用高压洗车机的高压水柱冲击后视镜镜面。

2）用玻璃清洁剂距玻璃表面 20 ~ 30cm 处对准镜面喷射 2 ~ 3 揿，停留 20 ~ 30min 后，用鹿皮将后视镜镜面的污渍吸干。如效果不佳，可以再进行一次。

3）在后视镜镜面上依次喷射玻璃防雾清洗剂、玻璃防雨清洗剂、玻璃防冻清洗剂和玻璃护理剂，每种产品最多喷射 2 揿。

车外后视镜

车外后视镜

89

如何清洁护理保险杠?

1）清洗。采用塑胶清洗剂，对保险杠的表面进行彻底清洗，去除污物或油垢，彻底干燥，擦干或风干均可。

2）选用亮光蜡进行美容护理。亮光蜡能在漆膜上形成保护膜，能防止氧化、酸雨和雨水的侵蚀，光亮持久，品质稳定，还能使漆膜不粘灰尘。操作方法是将亮光蜡直接均匀地喷涂在清洁而干燥的保险杠漆膜上，即可达到对保险杠护理美容的目的。

汽车保险杠

汽车保险杠

汽车保险杠

第五章

汽车内装饰与外装饰

90

汽车装饰因何而生？

汽车装饰是一个由汽车后市场高速发展衍生出的新兴行业，通常指在原厂车的基础上通过加装、改装或更新车上设备和附件，以提高汽车的美观性、装饰性和安全性的行为。而所增加的附属物品则常常称为汽车饰品或汽车装车件。

伴随着我国汽车工业的迅猛发展，汽车保有量持续增长，越来越多的汽车进入千家万户，汽车消费行为正在由少数化、行政化走向大众化和个性化。与之相伴的是人们对于汽车的理解，也远远超出了代步工具的范畴，由承载体变成文化和时代的象征。广大车主在车身造型设计、乘坐舒适性、装饰性等方面对汽车提出了更高的要求，汽车装饰业便应运而生。

汽车装饰

91

汽车顶棚内饰有什么作用?

顶棚内饰是汽车整车内饰的重要组成部分，它的主要作用是提高车内的装饰性，同时顶棚内饰还可以提高与车外的隔热、绝热效果；降低车内噪声，提高吸声效果；提高乘员的舒适性和安全性。汽车的篷壁有许多的颜色，但原厂的汽车内装饰大多为浅色调，随着使用时间的增长往往会变色或褪色，也可能在使用过程中染上污物，污物有的可以清洗掉，但当用常规方法无法清除时就需要更换新的篷壁。此外，由于现代汽车篷壁的更新换代非常快，当车的篷壁在色泽和面料上过时时，也可以对过时的篷壁进行更换。

顶棚内饰

顶棚内饰

汽车仪表板

92

为什么要装饰仪表板?

汽车仪表板是汽车上的重要功能件与装饰件，是一种壁薄体积大，上面开有很多安装各种仪表用的孔和洞且形状复杂的零部件。由于人们对汽车的性能要求越来越高，使用各种仪表也越来越多，造成仪表板越来越复杂，要求越来越高。不但要满足承载各种仪表的安装，驾驶汽车安全运行的需要，而且也成为车内最重要、最引人注目、最重要的装饰件。因此，对仪表板的装饰也就十分重要。另外，仪表板也体现了汽车的个性和风格。

你知道吗 Do you know?

现代市场上的仪表板种类繁多，每种车型都有多种规格的仪表板。车型越多，自然仪表板也就越多了，按照仪表板的制造材料可将其分为金属仪表板、塑料仪表板和复合材料仪表板三种类型。

93

什么是金属仪表板?

金属仪表板主要是用薄的钢板和铝合金冲压而成，可分为整体式和组合式两种。

1）整体式仪表板，整体不大，基本上属于中型或小型，而形状较为简单，采用冲压技术制造出来。冲压完成后，还要对主体进行防锈、防腐蚀喷涂处理，以提高其装饰性。大部分的整体式仪表板表面粘贴了一层皮革或纺织物，有的还用真皮来装饰，这可以提高装饰的效果。

2）组合式仪表板比整体式仪表板要大，有的形状也比较复杂。从加工的角度来考虑，把其分块生产，然后再把各部分焊接成为一体。在表面处理方面它基本上与整体式仪表板一样。

驾驶汽车

94

什么是塑料仪表板?

塑料仪表板的材料是塑料。塑料仪表板也可分为整体式和组合式两种。

1）整体式塑料仪表板由于塑料比金属有更加良好的成型性，使得可以用吸塑方法制造出形状复杂且表面有花纹形式，其装饰效果良好。

2）组合式塑料仪表板也是从生产的角度来考虑，把整体尺寸比较大的塑料仪表板分成几部分来分块制作，然后再用塑料焊接或胶粘法把各部分焊接或粘接起来，成为一个整体。

汽车仪表板

95

什么是复合材料仪表板?

复合材料基本上是由表皮层（塑料、编织物、地毯等）、隔声减振部分（泡沫或纤维材料）和骨架等部分组成。由这种材料制成的零件除了能够满足一定的使用功能外，还能使人感觉舒适美观，此外复合材料生产工艺简单，原材料价格便宜，因而发展很快，是汽车内部装饰用材的发展方向之一。

真皮座椅

真皮座椅

96

如何鉴别真皮座椅?

1）燃烧鉴别。真皮不易燃烧，特别是牛皮更难燃烧，而人造革很容易燃烧。

2）按压法鉴别。对做好的座椅，可用食指按压表面，压住不放，看是否有许多的皮纹向按压处伸去，如有这种现象出现说明座椅是真皮做的，如无此现象说明是人造革做的。

3）延展性法鉴别。定做装饰时，可找制作时的一块边角材料进行检查，拉一下材料看其是否有较好的延展性和回弹性。如有，说明是人造革制作。因为真皮的延展性和回弹性都较差。

4）断面形状基本法。真皮材料的表面结构紧密，可见毛孔，内层粗糙一些，看见一些纤维状层纹，纤维不易拉出。人造革表面层光滑细密，无毛孔，而内层也粗糙，可见整齐切割的断面，纤维比真皮粗而长。

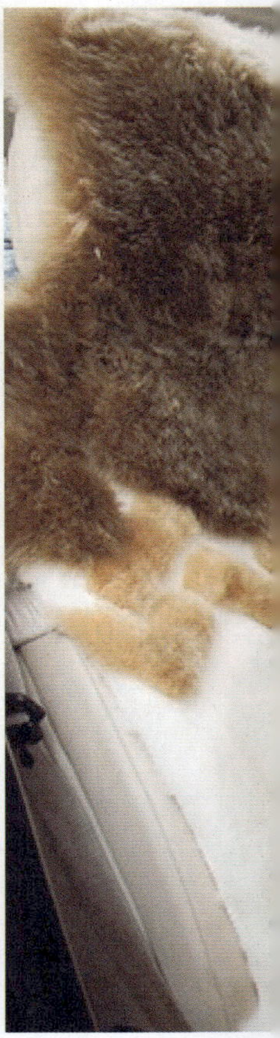

夏季坐垫

97

汽车坐垫有哪几种类型?

1）夏季使用的汽车坐垫。其有用竹藤编制的，也有用冰丝、玉石、兰草编制的，甚至还有用大理石串连的。它们有的装饰性强、有的舒适、有的耐用，可以根据个人需求和购买能力来决定取舍，但不要只以价格作为衡量标准，要从外观、材质、做工、衬布及舒适性、实用性来全方位考虑。

2）冬季使用的汽车坐垫。其从质地上看有普通的绒垫、人造毛坐垫以及高档的羊毛坐垫。普通绒垫档次较低，容易掉毛，而且冬天穿毛衣容易引起静电，不过造价低廉。人造毛坐垫价格在百元左右的大部分车主都能接受，适合普通家庭轿车使用。比较高档的汽车羊毛坐垫又分平绒、高低绒和长毛绒三种。平绒也就是平常说的羊剪绒，适合中高档车使用。其特点就是手感好，毛茸茸的，一看就觉得有股暖意。高低绒坐垫的中间是平绒，两边是长毛，因此得名。高低绒坐垫最为豪华、庄重，宛如贵妇人穿的裘皮大衣。

冬季坐垫

98

汽车靠垫有哪几种类型?

使用目的不同，汽车靠垫的种类也不同。夏季气候炎热，为了使人们免受炎热之苦，对没有空调的汽车常常可以在座椅的结构和装饰上想办法，这就有了降温靠垫，还有具备磁疗和护腰两大功能的护腰靠垫。

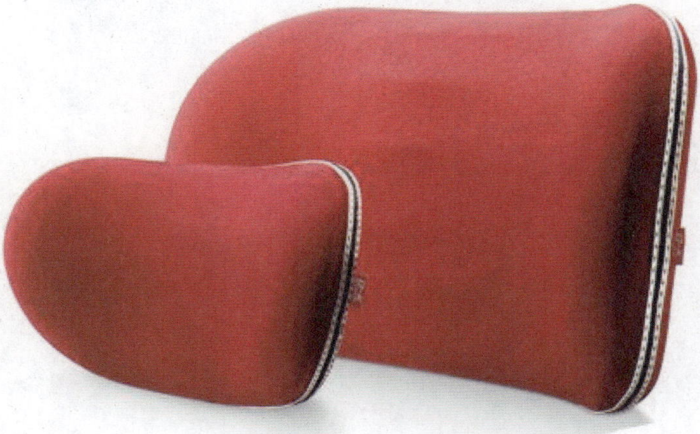

汽车靠垫

四季通用坐垫

99

脚垫分为哪几种?

中高档轿车上都铺有地毯，一旦有脏物，污垢留在上面，难以清理。选择一种防水、易擦洗的脚垫就十分方便。

脚垫分为手工脚垫和成型脚垫两种。手工脚垫能够有效防止灰尘和脏物的渗入，但其防水能力较差。成型脚垫是一次性压制而成，中间无缝，防漏性好，且价格低廉，如果原车的地板不平，凹凸较大，则难以达到满意的外观效果。大多数的脚垫是橡胶制品，有些气味，颜色较少，用在高档车上觉得档次较低。现在可买到小块的家用地毯，感觉也很不错，既显档次，又不算贵。

脚垫

脚垫

100

车载电话有哪些类型?

车载电话可以分为车载蜂窝电话和车载手机免提电话两大类。

(1)车载蜂窝电话

车载蜂窝电话固定安装在车辆上，可以随车移动，它与交换台之间依靠无线电联系。为了有效利用无线电波，增加用户容量，必须利用相同频率的无线电波。为此，将通信区域划分为一个个小区，每个小区建立覆盖整个区域的基站，相邻小区的边缘存在重叠区，这样，当汽车行驶在这些区域时，通过信号的相互转换就可以保证通信不中断。车载蜂窝电话的主要设备包括无线电发射 / 接收机、电话机和天线，一般用于高档商务车上，应用不如车载手机免提电话广泛。

(2)车载手机免提电话

车载手机免提电话是用手机作为通话器，配以声控系统，实现免提功能的车载电话。与车载蜂窝电话相比，结构简单，安装方便，成本低廉，是目前汽车通信的主流。

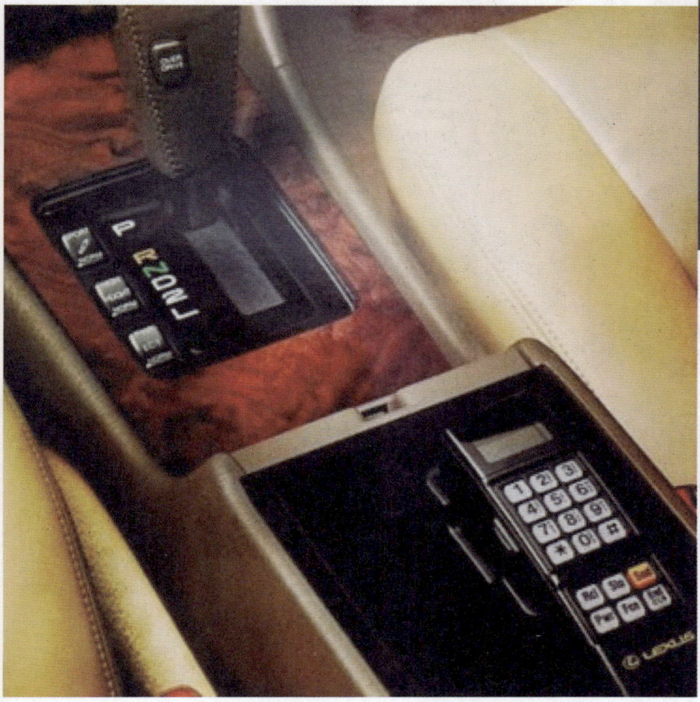

车载电话

车载电话

101

车载冰箱有什么作用?

车载冰箱是汽车上的一种冷藏设备，可以盛放矿泉水、可乐等饮料和水果，一般制冷的环境温度在18℃左右。安装车载冰箱很简便，车主只需将冰箱的电源插头插在汽车的点烟器孔就可以正常工作了。而有的简易冰箱还不需要电源，直接用冰块就行。常见的车载冰箱按其容积可以分为 8L、15L 等。

车载冰箱

车载冰箱

102

使用车载冰箱时有哪些注意事项?

1）车载冰箱在通电使用时应检查电压是否稳定和匹配。

2）严禁向车载冰箱洒水，防止漏电。

3）不得存放易燃易爆物品，如酒精、汽油、液化气等。

4）存放物品很多时，应尽量避免紧贴后壁冷凝管，防止结冰；如频繁开门或开门时间比较久，耗电就越多，会暂时影响恒温效果，及时关闭箱门即可；如需移动箱体时，应断电后再操作；如正常工作时，移动过于激烈，易造成噪声，应平稳 5min 后再重新工作。

5）通电时，尽量避免过于频繁地打开箱门；如有水珠，应及时擦拭。

6）玻璃容器应避免靠近散热器，防止爆破。

车载冰箱

103

汽车氧吧有什么作用?

1）汽车氧吧能够持续不间断地清除车内的异味，从而保持车内空气的清新自然，这是氧吧的基本功能。

2）氧吧消除车内异味的方法不是空气清新剂那样仅仅只是对车内异味的掩盖，而是产生负离子，彻底清除车内异味。

3）使用氧吧还具有提神、消除疲劳的作用，对于需要长途行车的驾驶员来说，氧吧的这个作用是一般的空气清新剂所不能做到的。

4）长期使用氧吧还具有保健和防病的作用，可提高驾乘人员的免疫功能。

5）汽车氧吧除了对异味的清除之外，也可以起到车内防霉的作用。

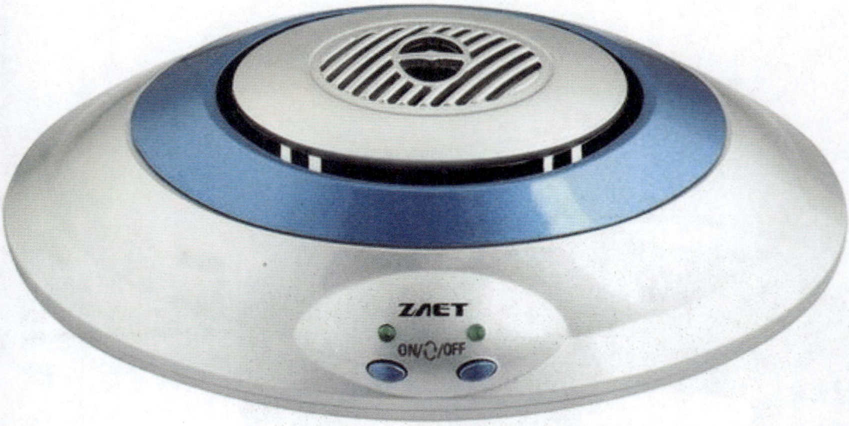

汽车氧吧

汽车氧吧

104

汽车氧吧有什么特点?

1）集先进的过滤技术于一体，空气通过粗效网、活性炭网和光触媒网的有效净化。

2）采用的光触媒净化技术能有效地分解甲醛、苯等有害气体。

3）活性炭超强吸附祛除异味功能。

4）负氧离子清新净化功能，1000 万氧离子维生素，促进新陈代谢，提高人体免疫力。

汽车氧吧

汽车氧吧

105

汽车氧吧有哪些类型?

（1）外接电源式氧吧

外接电源式氧吧的电源供电需要将外接接头插入点烟器孔中，和太阳能式氧吧相比缺点是需要接电源线。

（2）太阳能式氧吧

太阳能式氧吧的电源供电不需要外接电源，其电源供电主要依靠氧吧内部太阳能锂电池接受太阳光照射发电供电。

106

汽车氧吧是如何工作的?

汽车车用香品只能遮住异味，要真正彻底解决异味的问题，仍要想其他办法。随着电子高科技的发展，出现了绿色汽车之宝——汽车氧气飘香机，俗称为“汽车氧吧”。

汽车氧吧的工作原理是利用活性氧发生技术，运用高新技术通过高频振荡，快速生成负离子，除了消除汽车内部的空气异味外，还具有消毒、杀菌、防霉和提神等功效。工作电压为直流 12V，其工作电流一般小于 200mA，适用面积一般可达 $10m^2$。

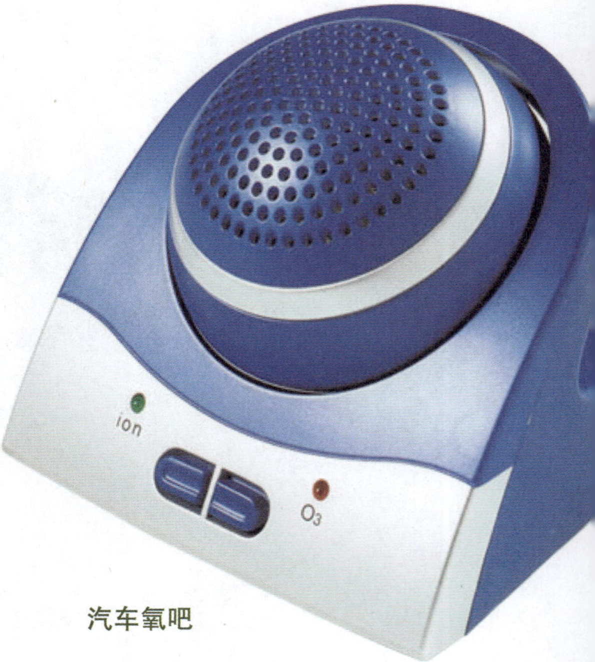

汽车氧吧

汽车氧吧

车用饮水机

车用饮水机

107

车用饮水机有什么作用?

车用饮水机可以提供制冷、热水，采用汽车蓄电池作为电源，安装简单。其采用 12V 直流电，在加热水时耗电 150W，不加热时可忽略不计，出水嘴最高出水温度为 90℃。

108

车用饮水机工作有什么特点?

（1）卫生化

1）水进入饮水机后通过医用蠕动泵运行，与水接触的只有管路。

2）超强密封，双回路设计，保证水路不接触空气。

（2）安全化

1）温度和电压双保险，智能反应，有异常立即停止工作并报警。

2）自动余水回抽，避免管路和加热水箱内结冰。

3）独特凹槽红外光感接水设计，防止放置错误、不正确的操作及孩童顽皮接触引发事故。

（3）智能化

1）按键简单，操作简便。

2）红外感应控制，单手接水。

3）任意设定饮水温度。

4）自动监测汽车电压，当汽车电压出现异常时，自动停止工作，保证汽车行驶优先。

5）加装蓄电池增压装置，保证汽车低压起动。

车用饮水机

你知道吗
Do you know?

车身大包围的主要作用是改善汽车外观，降低汽车行驶时所产生的逆向气流，同时增加汽车的下压力，使汽车行驶时更加平稳，从而减少耗油量。

109

什么是车身大包围?

现在很多轿车上都装有大包围，它一般为玻璃钢制品且与车身漆成相同的颜色，比原来车上的黑色橡胶保险杠更具风格、品位。汽车车身大包围的学名是车身“空气扰流组件”，源于赛车运动，用于改善车身周围的气流对运动中车身稳定性的影响。目前，国内市场上的大包围大多不具备这种功能，而更多是为美观而设计的，不过汽车在安装大包围后使车身加长、重心降低，提高了汽车行驶的稳定性。

汽车车身大包围是指车身下部宽大的裙边装饰，一般由前包围、侧包围和后包围组成，在一些车型上还包括轮眉、挡泥板和门饰板等，现在很多车型都安装了大包围，加装大包围后，汽车变得更加美观，给人以雍容气派之感，车身富于动感。

车身大包围

110

车身大包围有什么特点?

（1）类型多样化

车身大包围装饰件的制造特点是小批量、多品种，呈现多样化。

（2）质量轻量化

车身大包围在制作过程中使用的材料主要是塑料（玻璃钢）、金属（新型碳纤维和铝合金）。由于大量采用轻量化材质制造，所以在很大程度降低了车身自重。

（3）车身造型一体化

计算机辅助设计系统的技术进步，国内外先进的造型设计和结构性设计高速发展，促使车身大包围的造型趋向于车身造型一体化。

（4）生产规模化

伴随着大量消费者的出现，车身大包围的生产开始向以某种成熟车型为主而大量开发制造的模式进行转变，生产由原来的散户、小量转变为规模化生产。

车身大包围

车身大包围

111

导流板有什么作用?

导流板指汽车（大多数轿车）前保险杠下方的抛物线形风罩。

大多数汽车的头部是上部光滑，向上凸出；而车身下部布满汽车发动机、变速器、传动机构等。气流通过车身头部时上部气流速度大于下部的速度，造成上部压力小于下部，车身前部有一个由前部地板向上的提升力。加装导流板之后可以将气流有效分流，减小提升力的产生，提高汽车行驶的稳定性。

导流板

112

如何选用导流板？

导流板按照安装方式可分为螺栓固定式和粘贴式。由于粘贴式导流板的固定状况不是太好，在使用的过程中受到轻微碰撞容易脱落，现在已经淡出市场。

在选择导流板时，应该注意导流板的造型、尺寸要和车身相适应。对于流线造型的车型要选择和车身造型相适应的导流板；对于车身造型线条构成比较简单的车型，可以选择造型比较简单的导流板。导流板的尺寸要和车身相适应，所选产品按车身纵向对称，导流板左右长度不能超出车身宽度 10cm。在保证质量的情况下尽量选择专业厂家生产的产品。

导流板

扰流板

113

扰流板是尾翼吗?

扰流板指安装在轿车行李箱上形似鸭尾的突起物，又称为“尾翼”“扰流翼”“鸭尾”等。

减少进入汽车底部的空气气流，以减小高速行驶时空气气流对汽车产生的升力，可以减轻车身前侧的空气涡流，减小空气阻力，主要用在高速行驶的乘用车上。扰流板的安装方式主要有粘贴式和螺栓固定式两种。车主可根据个人喜好进行选用。

1）粘贴式扰流板：粘贴式扰流板可避免破坏行李箱盖且不会漏水，但是固定状况没有螺栓固定式扰流板好。

2）螺栓固定式扰流板：螺栓固定式扰流板固定牢固，但因有钻孔会破坏行李箱盖的面貌，且安装不好时会发生漏水现象。

扰流板

114

天窗有什么作用?

汽车天窗的主要功能是负压换气(汽车在正常行驶时，正面的气流越过天窗形成负压，将车内污浊的空气抽出，达到换气的目的)，还有美化汽车、调节驾驶员心情等作用。出于成本及消费习惯的考虑，80% 的原厂车都没有安装天窗，消费者可以在购车后自行安装。

天窗

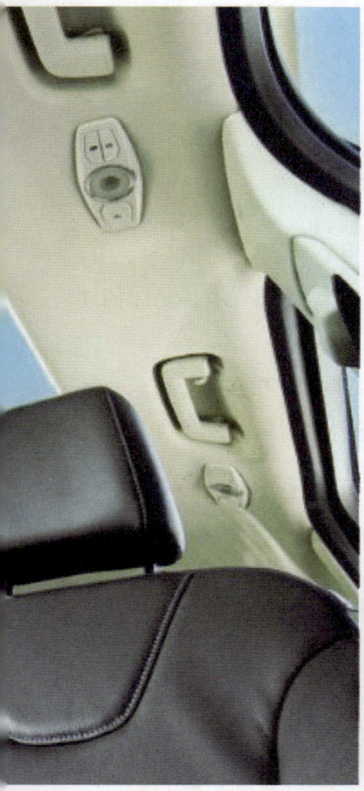

天窗

天窗

115

加装天窗会不会漏水及生锈？

品质好的天窗与车顶间用特制的胶水和紧固件连接，外倾式天窗玻璃板和框架之间用密封圈防水，内藏式天窗四周设有排水管，会将进入天窗周围的水排走，不会让雨水渗入车内。不论新旧汽车，安装天窗时已做了防锈处理，后装天窗本身具有优良的品质，在每个天窗安装后均做射水测试，因此绝无生锈和漏水的问题产生。

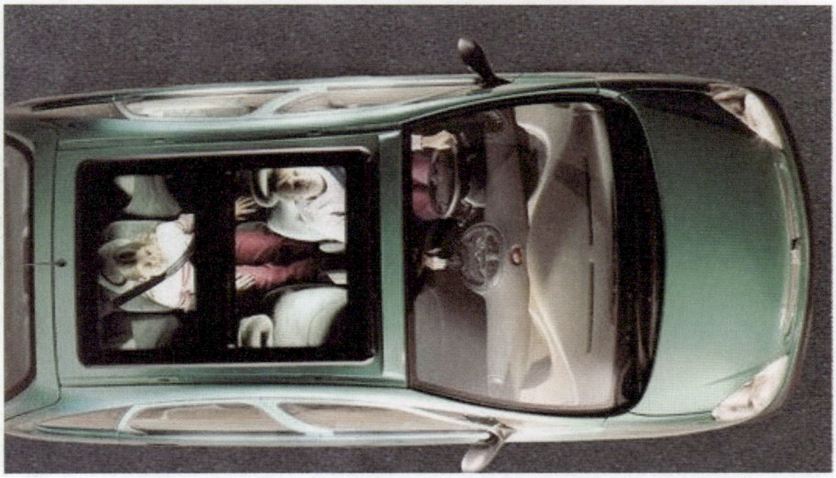

天窗

116

加装天窗会不会破坏车内结构?

汽车天窗与车顶固定时，天窗框架加强了车顶支撑结构。同时，汽车顶部用特别的支架支撑着天窗，防止车顶下陷。在改装的过程中，必须将原本车顶上配置的横梁切除，装天窗之后，车顶结构除原本的铁皮之外，将增加一立体刚性结构的天窗主体，安全强度反而增强了。

另外，合理选择适合尺寸的天窗并规范地安装，就不会对车身强度产生较大影响。很多的天窗采用了框架式结构来加强车顶的结构强度，并且在某些型号的天窗上，增加了钢架支撑以增加车顶强度。

天窗

天窗

117

车灯装饰有什么作用?

1）扮酷爱车。目前，市场上有许多装饰性车灯，外形各异，制造精美，每当夜幕降临，打开装饰灯，神秘的色彩给驾驶人增添了极其强烈的个性。这种设计别致的装饰灯在打开后，对面看到的是随车辆角度的变化，灯光颜色随之变化的景象，车辆在道路上行驶也安全了许多。

2）提高照明质量。一般国产车的原厂车灯出厂时的色温为 3000K，经过一年使用会降到 2500K，甚至 2000K，如果继续使用，会明显影响照明质量，采用新型高效的车灯能够提高亮度，放宽视野，从而提高夜间行车的安全性。

118

什么是眼线装饰?

眼线也称为眼眉，是在前照灯上表面部位附着的装饰物。将前照灯均加上眼线装饰，如同女孩描眉打眼影一样，楚楚动人。由于大多数的眼线都是不干胶制品，应选择质地好、寿命长、色彩丰满、粘贴牢固的材料，其装饰施工如下：

1）按装饰部位的形状将两张叠好的眼眉材料剪裁成长短、宽窄、形状相匹配的眼眉。

2）将欲粘贴的部位用半干布擦净，以确保粘贴牢固。

3）将裁剪好的眼眉材料粘贴到设定部位，注意不要有气泡、褶皱等缺陷。

4）使用独特的眼线，可大幅度提高装饰效果。

前照灯装饰

前照灯装饰

119

车身贴花装饰因何而生?

国外的车身贴饰最早是出现在赛车上，因为赛车运动需要赞助商的支持，所以车身上五颜六色的赞助商标识就成为了一种“极速广告”。其内容无外乎改装厂牌、配件商标、机油广告等。只要赛场上有的，车迷就会喜欢，所以很快车身贴饰就出现在其他车上，且由单纯的商标发展到贴花、彩条等多种图案。

车身贴饰在国内早期出现在整车配套装饰市场，从 1998 年开始，广州的汽车售后服务市场上才开始有了车身贴饰产品。不过，当时许多车主买贴饰产品的主要目的是为了汽车年审的需要。这主要由于一些进口车在出厂前就有贴饰，而在长期的使用过程中，有些贴饰出现了大面积脱落现象。这些车主为了不引起别人误会，以及还车子原来的漂亮面容，便开始在车市购买相同图案的贴饰贴在车身上，这也很方便顺利通过汽车年审。

车身贴花

CHERY
奇瑞 A5 试乘试驾车
奇瑞 A5

车身贴花

K. Gushi
TOYO TIRES
TOYO TIRES
5
scion
D·BASF
RS★R
sparco
ENKEI
AEM

车身贴花

120

如何选择贴花装饰?

1）看设计能力。根据车主的个性化需求进行选择。一般来说，国际汽车贴花大公司都拥有专业的贴花设计队伍，他们手中掌握了许多汽车贴花的流行、时尚元素，可以将车身外饰设计做到时尚最前沿。

2）看质量。选择知名厂家的正规优质贴花产品。如果车主选择的车身贴饰产品质量较差，时间不长就会脱落，车身上不但留下很难看的胶状物质，而且车漆也会被破坏，所以选择贴饰质量是关键。质量好的贴饰寿命可达到与车身同寿命，一些国际贴饰品牌的质量担保都可以达到8～10年。不过，这些贴饰产品大多集中在汽车生产厂家手里，或者是作为汽车零部件的形式出现在各个汽车厂家指定的维修服务站里。而出现在汽车零售市场的国产贴饰的质量保证期和进口贴饰产品的质量保证期相比较则要短得多。虽然其中不乏一些品质很好的。

3）若需要经常变脸。则挑选色彩亮丽，寿命不太长的贴花；反之，可挑选寿命较长些的产品。

车身贴花

车身贴花

121
什么是汽车彩绘装饰?

汽车彩绘装饰是由人工借助喷笔或设备按照预设图案、模式，采用喷绘、刷涂等工艺完成的一种在汽车表面形成预定图案涂膜的装饰效果。一般彩绘所用的颜料有油基涂料与水基涂料两种。汽车彩绘装饰具有如下特点：

1）彩绘色彩亮丽，持久，牢固，长期不变色。

2）操作方便，容易上手。

3）图案表现力突出，任何复杂及简单的图案都可以用彩绘的形式绘制出来。

4）图像逼真，有很强的装饰性。

5）艺术可观赏性强，有很强的视觉冲击力。

6）可完全体现车主个性化的需要。

汽车彩绘

汽车彩绘

汽车彩绘

汽车彩绘

第六章

车内香品与饰品

122

车内香品有什么作用?

1）净化车内空气。车用香品能清除车内异味、杀灭细菌，从而使车内空气清新。

2）营造温馨舒适的乘车环境。车用香品可散发出怡人的芳香，使车内充满浪漫情趣。

3）提高驾驶安全。车用香品可使驾驶员保持清醒，心情愉悦，从而减少事故的发生率，提高驾驶安全性。

车内香品

你知道吗 Do you know?

汽车香品加工生产的原料可分为两大类：化学合成香精和取自大自然的香料。化学合成的香精气味非常浓烈，常常有盖住车内异味的作用。取自大自然的香料是一种较理想的车用香品，如薄荷、樟脑、檀木等，香气宜人，但是价格一般较昂贵。用香品的目的不应该是遮盖车内异味，而是实现车内干爽之后的空气调节。

123

车用香品有哪些种类?

现今市场上的车用香品种类繁多，按形态可分为气雾型、液体型和固体型三种。

（1）气雾型车用香品

气雾型车用香品主要由香精或溶剂组成，可分为干雾型、湿雾型等多种。这种香品里的除臭剂可以覆盖车内某些异味，比如行李箱味、烟草味、鱼腥味和小动物体味等，但挥发速度极快。

（2）液体型车用香品

液体型车用香品也称为车用香水，它由香精与挥发性溶剂混合而成，比固体香膏香味要浓，持续时间久、散发慢，常盛放在各种具有艺术造型的容器内，可用 2 ~ 3 个月，在车内用得比较广泛，具有气味浓香、使用便利等优点，但需不断地给以补充。

（3）固体型车用香品

固体型车用香品主要是将香精与一些材料混合，然后加压成型，可用 2 个月左右。它具有香味清淡、使用周期长、无须补充等特点，也是常用的香品。

车内香品

124

如何选择车内香品?

车内香品

一般来说，车用香品黄色为柠檬香，草绿色为青苹果香，粉红色为草莓香，嫩绿色为松木香，紫色为葡萄香，乳白色为茉莉香，淡蓝色或淡绿色为薄荷香，橘红色为樱桃香。

不同车主要选用适合自己的香品。如男士常常喜欢外形古朴的香品，如淡雅的古龙香、玻璃香等。而女士常常选用清甜的水果香、淡雅的花香等。

汽车香水的选择应遵循的原则：味道不要太浓烈，夏天香水散发快，可选择清淡的气味，以免更具刺激性；冬季时，可选择提神醒目的香型；如果车内经常开空调，需要选用具有较强挥发性的车用香品，以便及时有效地去除空调机带来的异味。

车内香品

车内香品

125

车内饰品有什么作用?

车内饰品既能美化车内环境，又能给车主带来几分愉悦，配合车用香品的合理使用，可以营造出温馨舒适的车内环境。用心装点爱车，营造温馨、舒适、美观、个性化的车内环境，是车主们的良好愿望。

车内饰品

126

如何布置车内饰品？

车内指南针

挂饰一般布置在前后风窗玻璃的内侧，主要悬挂在车内后视镜架上；贴饰主要布置在控制台（前排乘员席前端）、车门内侧及前排座椅后侧；摆饰主要布置在控制台上端和后排座椅上；实用类物品有的布置在控制台上（如汽车钟、指南针等），有的布置在操纵件上（如变速杆套、驻车制动套等），有的布置在座椅背上（如饮料食物便利袋、收纳便利袋等）。

车内饰品

127

安装车内饰品时有哪些注意事项?

车内饰品的安装比较简单，但在安装中应注意以下事项：

1）悬挂的链绳应在镜面背后，否则会遮挡后视镜。链绳的长度要适当，过短，挂饰没有摆动效果；过长，摆动幅度太大，会影响驾驶员视线。

2）贴饰不能粘贴在前风窗玻璃上，否则将会影响到驾驶员的视线。

3）控制台上的饰品应采用吸盘式安装，即饰品的下方应带有吸盘，将饰品吸在控制台上，否则摆饰会因汽车颠簸而经常移动，甚至掉下损坏。

车内悬挂饰品

车内饰品

第七章

底盘装甲与贴膜

防止砂石飞溅

128 底盘装甲有什么作用？

汽车底盘是最容易被磨损和腐蚀的部位，夏季高温烘烤、冬季寒风袭击，冰、雪、雨、霜的侵蚀，颠簸的路面，溅起的砂石等。通过在底盘各总成壳体上喷涂底盘装甲保护涂料，进行隔离保护，防止底盘的过快老化，可以有效地提高汽车的使用价值，大幅延长汽车的使用寿命。

底盘装甲胶

129

为什么进行底盘封塑?

中高级轿车新车制造出厂前大多都已经做过底盘喷塑，而多数中低级轿车为了降低成本，降低售价，更好地参与市场竞争，少喷涂或者不喷涂防石击材料。但是这样就会造成汽车底盘腐蚀严重，整体使用性能下降严重，大大降低了汽车的使用价值。为了解决这个问题，需要对底盘进行封塑处理。

底盘装甲胶

汽车底盘

底盘装甲胶

130

底盘装甲与底盘封塑有什么区别?

1）底盘封塑的主要作用是保护汽车底盘裸露钢板的防砾石击打、防腐。普通封塑为 2mm 的施工厚度，主要成分是聚酯材料。

2）底盘装甲除具有封塑的两项功能外，还有显著的隔声降噪作用，因为喷涂装甲后在底盘上形成橡胶和聚酯材料混合涂层。这种涂层具有高弹性，有效减弱了砾石直接打在金属上发出的噪声。底盘装甲是橡胶和聚酯材料混合配方，施工厚度为 4mm。做装甲和做封塑不冲突，最全面的防护措施就是二者都做，车主可以获得双倍安心。

喷涂底盘装甲胶

131

如何进行底盘装甲？

1）清洗底盘。必须用洗车高压喷枪将底盘或车厢等需喷涂部位彻底清洗干净，如果新车有蜡或旧车有锈皮的则要铲除、磨光，达到无水、无尘、无油、无蜡迹，保证无油污、无污垢、无沥青等。

2）遮挡非施工区。用防护纸遮挡车身周围的裙部和轮毂，并将发动机油底壳、变速器、排气管、消声器、传动轴等非施工区用防护纸进行遮挡。

3）将汽车停放于施工现场的汽车举升机上，并将 4 个车轮拆下。

4）喷涂基础层。在翼子板和底盘上喷涂基础层涂料，喷涂时一定要均匀，尤其是翼子板附近。

5）喷涂添加材料。为了提高隔声、防水、防腐和防撞的效果，正规汽车美容店会对汽车底盘进行二次喷涂处理，即喷涂添加材料，它具有稳定和延长保护期的作用。中间要间隔 20min，等待第一基础层干燥后再进行喷涂。

清洗底盘

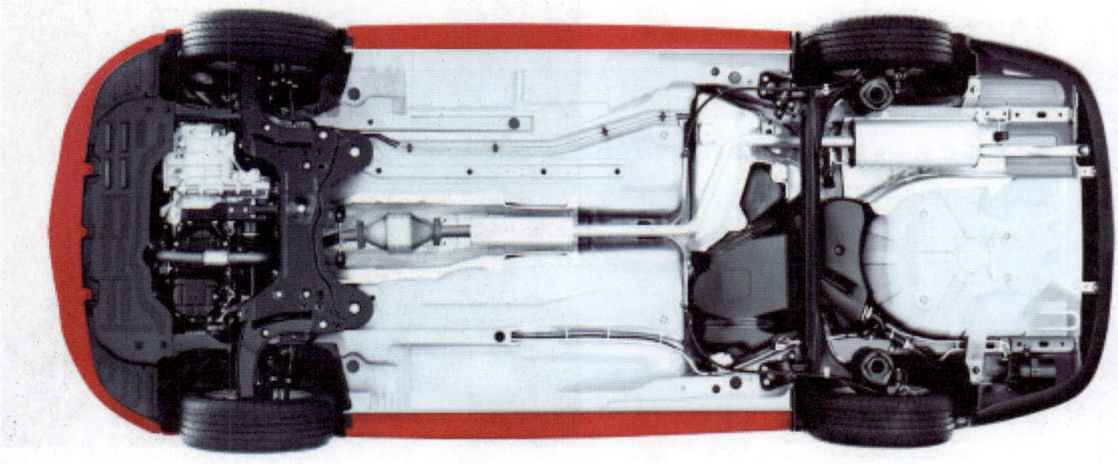

汽车底盘

底盘装甲胶

132

底盘装甲应注意哪些事项?

1）注意防护底盘装甲材料和稀释剂属易燃性材料，并且有一定的刺激性，调配时要注意防火，施工时要做好个人防护，佩戴口罩和防护眼镜，并保持作业场地的通风。

2）不得将涂料喷涂到发动机油底壳、变速器、排气管、消声器、传动轴等部位，也不要喷涂到转向、制动、传动、悬架等转动部位，以免干燥后影响其正常运转。

3）施工后，一般需 24h 才能自然干燥，在这期间应避免涉水行驶。

4）喷枪施工气压为 0.35 ~ 0.55MPa，喷枪距物体表面 15 ~ 20cm，十字形喷涂，喷涂速度为 10 ~ 15cm/s，在不易连续喷射的地方可以点射喷涂。

5）底盘装甲具有一定的厚度，是通过多次喷涂逐渐加厚的，下一次喷涂应在前一次涂层表干基础上进行。

6）对于砾石击打产生噪声的部位，例如油箱、翼子板应重点喷涂，适当增加涂层厚度，会取得好的降噪效果。

7）一般对于塑料材质的部件建议不用喷涂。

8）施工后立即清洗喷枪。

133

什么是汽车防护？

汽车防护就是在汽车上安装必要的防护及示警装置，通过这些装置的工作，最大限度地为汽车和乘员提供预防性保护。汽车防护已经广泛地运用于汽车美容中，主要的项目有汽车玻璃隔热膜装贴、安装防盗器、安装语音报警系统、汽车静电放电器等。

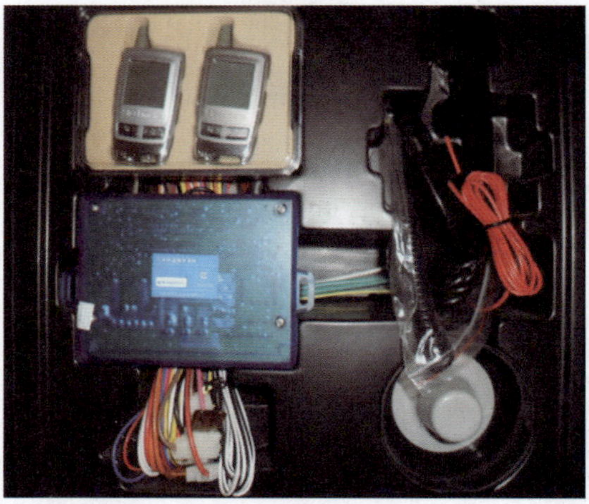

汽车防盗报警器

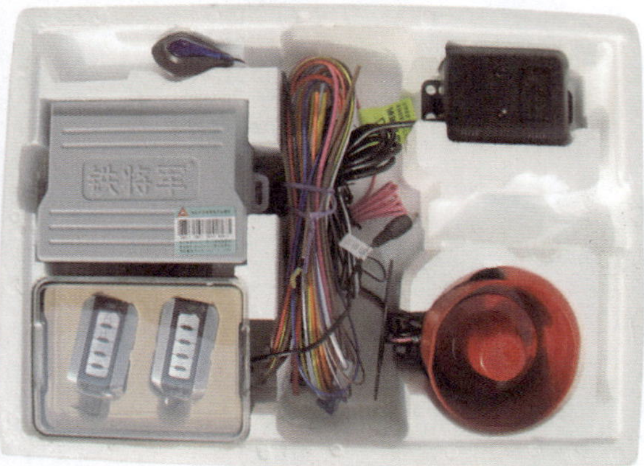

智能语音远程控制汽车防盗报警器

134

车膜因何而生？

能通过大气层到达地球的太阳光有三类光谱，分别是波长为 200 ~ 300nm 的紫外线、波长为 380 ~ 780nm 的可见光及波长为 780nm 以上的红外线。通常说波长越短，能量越大。紫外线明显具有此特征，它穿透性强，各种物质一经紫外线照射，则会发生各种化学变化：对汽车驾乘人员而言，可促使人体皮肤老化、黑色素沉着，甚至诱发癌症；对车饰而言，会造成内饰物品的褪色、塑料橡胶件的老化。可见光带有一定的热量，但对人体没有直接的伤害。红外线在三类光谱中携带的热量最高。如何才能避免太阳光的热量及紫外线的照射，构筑一道隔热防晒墙来保护汽车呢？汽车车窗上的普通玻璃既不能隔热，也不能防晒，而带色的玻璃虽能遮光，但不能隔热。因此，通过覆在车窗起隔热防晒作用的车膜就应运而生。

车膜

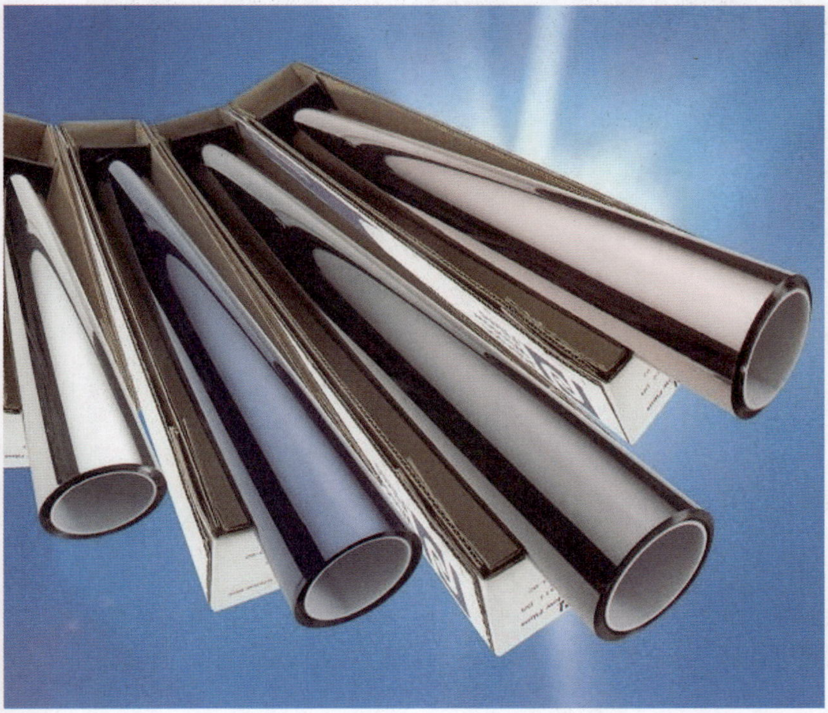

车膜

135

为什么称为防爆太阳膜?

车膜自面市以来，经历过三个阶段：茶纸、防爆膜和防晒隔热膜。茶纸属于第一代产品，俗称太阳纸，其特点为遮光性强、安装简单，缺点是不隔热、易褪色和易脱胶。防爆膜属于第二代产品，利用新型粘胶及较厚的膜层提高防爆效果，具有一定的隔热、防晒性能，隔热率在 20% ~ 60%，紫外线阻隔率为 80% 左右。防晒隔热膜属于第三代产品，又名隔热纸、太空膜等，它采取吸收、反射、隔断等方法以达到隔热、隔离紫外线等功效，其紫外线阻隔率达 90% 以上，红外线阻隔率为 30% ~ 95%，且胶的黏性更强，从而可达到既降低汽车膜的厚度又提高防爆性能的效果，俗称为“防爆太阳膜”。

车膜

贴膜的玻璃

防爆太阳膜

136

防爆太阳膜有什么作用？

防爆太阳膜阻挡紫外线

1）隔热降温：汽车防爆太阳膜可有效阻断红外线，隔热率可达 50% ~ 70%，起到隔热和保持车厢凉爽的效果，并有效地降低汽车空调的使用，可节省因开空调所耗费约 25% 的汽油。

2）抵御有害紫外线：防爆太阳膜可有效阻挡紫外线，避免人体受过量紫外线的伤害，延长了内饰件的寿命。紫外线在太阳光中仅占 3%，过量的紫外线照射还会诱发人体皮肤癌变。高品质的车膜可以阻隔 99% 以上的紫外线，不仅能有效防止车内的人被过量的紫外线照射灼伤皮肤，还能保护车内音响以及其他内饰不会被晒坏。

3）防爆抗划痕：在意外交通事故中，车身玻璃受到撞击时易破碎，巨大的冲击力使碎玻璃飞溅造成人员受伤。汽车防爆太阳膜能吸收碰撞时产生的冲击力，将汽车玻璃破碎飞溅的可能性降到最低，最大限度地避免意外事故对乘员的伤害。同时，由于车窗覆上一层耐磨并有一定厚度的车膜，可较好保护车窗玻璃划伤。

4）防眩光：好的车膜能过滤部分眩光，减弱可见光的强度，使人的眼睛更舒服，有助于改善车主视野，确保驾驶安全。车窗膜尤其是前排两侧窗的膜应选择透光度在85%以上较为适宜，夜间行车时还能把后面来车前照灯照射在反光镜的强烈眩光反射减弱，使眼睛舒服。此外，在雨夜行车、倒车、掉头时也能保证视线良好。

5）创造最佳美感：防爆太阳膜能让轿车玻璃颜色呈现出丰富的色彩，改变了白色单一的色调，给汽车增添了美感。

6）保证乘车隐秘性：缘于防爆太阳膜的单向透视性，遮挡了来自车外的视线。

防爆太阳膜

137

如何辨别防爆太阳膜的质量?

目前，车膜市场上的品牌种类繁多，车膜也要分三六九等的。而且市场上还充斥着很多的冒牌或者贴牌产品。因此，对车膜质量鉴别是有必要的，可从如下方面进行辨别。

1）清晰度：无论膜的颜色深浅，优质膜在夜间应该可以清晰看见60m以外的物品，而劣质膜会有雾蒙蒙的感觉。

2）手感：优质车膜摸上去有厚实平滑感，而劣质膜手感薄而脆，容易起皱。

3）颜色：优质膜的颜料是均匀融合在薄膜中，经久耐用，不易变色，在粘贴过程中经刮板涂刮也不会脱色。劣质膜的颜色在起粘合作用的粘合胶中，撕开车膜的内衬后用指甲刮一下，颜色就掉了。

4）气泡：当撕开车膜的塑料内衬后，再重新复合时，劣质膜会起泡，而优质膜复合后完好如初。

5）隔热性：隔热性能是玻璃防护膜重要指标之一，而这一点仅凭肉眼和手感是很难鉴别的。可以通过一个简单的测试方法进行比较；在一个碘钨灯上放一块贴着车膜的玻璃，用手感觉不到一丝热的是优质膜。

贴膜的玻璃

6）安全性：最新一代的玻璃防护膜已经将抗强冲击作为性能指标之一。最高级的玻璃安全膜可以抵御正规枪弹的近距离射击，至于一般事故中的飞溅物、故意侵犯的砖头或者铁棒等，则根本无法击穿由安全膜保护的玻璃。

贴膜的玻璃

138

如何选择前风窗膜？

前风窗玻璃必须选择反光度较低、色系较浅的前风窗玻璃专用隔热膜。如果前风窗玻璃斜度较大，粘贴时就应尽量避免产生反射及波纹。现在市面上有一种银色膜受到部分驾驶员的偏爱，它最大的特点是其反射率高，隔热性能也很出色，但反射率高也是其危害所在，会对其他车辆行驶安全构成威胁。

有一种完全无色的透明膜，也称白膜，它的最大特色就是可以阻隔波长较短的红外线和紫外线，而对大部分可见光不加阻拦。这种不会对视野产生影响而又能起到隔热作用的白膜，是驾驶员的首选。

贴膜的前风窗玻璃

前后风窗玻璃贴膜

清洁风窗玻璃

139

如何剥离旧车膜?

首先进行加热，先用手指甲将玻璃边缘的车窗上的车膜逐渐掀起，当面积达到一定程度后，一边用电吹风加热，一边用手将车膜整体剥离下来。

剥离车膜时必须注意两个方面，其一是剥离车膜时应注意玻璃温度，温度过低时车膜底胶将会大量残留在玻璃上，有时甚至出现车膜剥离不彻底的现象；再者剥离时不可用力过大，否则会造成胶底大面积的残留。

清洁风窗玻璃

140

如何清除残留在玻璃上的底胶?

车膜剥离后，都会有一定数量的底胶残留在玻璃上面，必须进行清洗：

1）将专用的去除底胶的玻璃清洗剂喷涂于玻璃整个表面，静等 1 ~ 3min。

2）注意观察清洗剂与底胶的反应，当出现充分溶解并流淌时，用刮刀从上向下刮，并分成小面积进行，将刮离下来的底胶刮到一处集中收集，并用干净的毛巾擦净刮刀。在刮离过程中，必须保持玻璃的湿润，可持续适时喷涂清洗剂，操作时不可太用力。

3）对于玻璃边缘与橡胶封条里面的底胶可用刮板按由里向外的刮板倾斜角度，从上向下使力并用清洗剂喷涂配合来去除。

4）确认底胶去除彻底，然后用纯棉毛巾擦拭干净。

玻璃清洁剂

清洁风窗玻璃